KB207609

간절함이 답이다

간절함이 답이다

부와 성공을 이끄는 힘의 과학

윤 태 익 지음

살림Biz

이 책을 읽는 독자들께

"여러분에게는 꿈을 이루고자 하는 간절함이 있습니까?"
"정말로 간~절하게 원하십니까?"
"자신에게 솔직히 물어보십시오."

제가 강연을 할 때 종종 묻는 질문입니다. 처음에는 많은 분들이 당연하다는 듯이 "네!"라고 대답합니다. 하지만 재차 반복해서 물으면 처음보다 목소리가 작아지거나 "아니요!"라는 답변이 돌아옵니다. 그만큼 간절함이 부족하다는 솔직한 답변일 것입니다.

한 마리의 여우가 토끼를 쫓고 있었습니다. 하지만 그 여우는 토끼를 잡을 수 없었습니다. 왜일까요? 여우는 한 끼의 식사를 위해 뛰었지만 토끼는 살기 위해 뛰었기 때문입니다. 이것이 바로 '간절함'의 차이입니다.

간절함은 성공의 씨앗입니다. 간절함이 주는 힘은 실로 대단합니다. 간절함은 몸과 마음이 하나 되는 몰입의 상태를 말합니다. 며칠 굶은 사람은 밥 생각이 간절하고, 목이 타는 사람은 물 생각이 간절할 것입니다. 팔십 된 노모가 전쟁터에 나간 외아들이 살아 돌아오기만을 지극 정성으로 두 손 모아 비는 모습도 간절함의 표현입니다.

　"이 책을 읽고 계신 여러분의 간절함은 무엇인가요?"

　『간절함이 답이다』라는 제목 속에는 '세상의 모든 일은 간절한 만큼 이루어진다.' 는 평범한 진리가 담겨 있습니다. '간절함' 이 어떠한 원리에 의해 작동이 되며, 또한 우리가 원하는 '답' 이 어떠한 과정을 통해 이루어지는지에 대한 실천 메커니즘을 과학적으로 증명하고자 하였습니다. 한마디로 '소원성취 법' 에 대한 비밀을 이 책을 통해 알려드리고자 합니다.

　21세기를 지식창조 시대라고 합니다. 요즈음 경영화두로 '상상력' 과 '창의성' 이 대두되고 있습니다. 지속적이고도 차별화된 경쟁력을 갖추기 위해서는 똑 부러지게 잘하는 나만의 브랜드를 창조해야 합니다. 남을 따라 해서는 최선을 다해도 최고가 될 수 없는 시대인 것이죠. 인터넷상에 존재하는 지식이나 정보들은 이미 누군가가 알고 있는 내용이므로 더 이상 새롭지 않습니다. 그렇다면 나만의 독창적인 상상력과 창의성을 얻기 위해서 어떻게 해야 할까요? 유니버설 데이터베이스에서 상상력과 창의성의 지혜를 내려 받아야 합니다. 이런 지혜는 간절히 원해야 내려 받을 수 있습니다.

간절함은 모든 것의 근원입니다. 간절함은 없던 길도 만들어줍니다. 저는 간절함으로 인해 몇 번의 죽을 고비에서 생명을 건졌고, 불가능하다 싶은 일들을 이뤄냈습니다. 세상사 모든 것은 마음먹기에 달렸습니다. 간절함은 우리 뇌 속에 있는 컴퓨터를 작동시켜 유니버설 데이터베이스에서 답을 내려 받게 해줍니다. 우리는 이제 태곳적으로부터 인류생성 이후의 모든 비밀과 지혜를 간직한 유니버설 데이터베이스와 접속해 지식의 차원을 넘어선 지혜의 답을 받아써야 할 때입니다. 그 프로그램이 바로 우리 자신 안에 있다는 사실을 저는 명상과 실제 체험을 통해서 깨달았습니다.

많은 사람들은 성공하고 싶으나 방법을 몰라 어떻게 해야 할지 모른다고 합니다. 그러나 그렇지 않습니다. 간절함이 있으면 내 안에 있는 내가 그 방법을 찾을 수 있도록 끊임없이 안내해줍니다. 간절함은 외부세계의 우주에너지를 불러 모으는 자석입니다. 간절한 만큼 내 몸에 자석이 만들어지고 그 자석의 크기만큼 원하는 것들이 끌려옵니다. 여러분은 살아 있는 자석입니다.

이 책의 1부에서는 간절함이 답이 되는 원리를 설명하고 2부에서는 5가지 실천법을 제시하고 있습니다. 아울러 원하는 것을 끌어당기는 자석의 법칙과 그 자석을 어떻게 만들 것인가에 대한 구체적인 실천방법을 설명하고 있습니다.

『유답5』를 출간한 지 벌써 5년여의 세월이 흘렀습니다. 그동안 이 책을 읽어주신 독자여러분께 진심으로 감사의 인사를 드립니다. 이번에 개정판을 내면서 좀 더 쉽고 확실한 메시지를 전달해드리고자 제목을 『간절함이 답이다』로 바꾸고, 내용과 용어 등을 일부 수정하였습니다. 이 책은 제게 너무나 소중한 책입니다. 왜냐하면 저의 첫 번째 출간된 책이기도 하거니와 이 책에 제 삶의 전부를 녹였기에 그렇습니다. "이 책을 읽으시고 한 줄로 줄인다면 무엇입니까?"라고 묻는 저에게 독자들은 "간~절하면 이루어진다."는 것을 깨달았다고 전해주셨습니다. 그렇습니다. 저도 이 책에 '간절함이 답이다' 는 내용을 담고 싶었습니다. 여러분의 꿈은 간절한 만큼 이루어지기 때문입니다. 아무쪼록 이 책이 여러분의 인생에 조금이나마 도움이 되었으면 합니다. 독자 여러분 늘 건강하시고 행복하세요. 감사합니다.

2008년 1월 큰날개 윤태익

CONTENTS

이 책을 읽는 독자들께
프롤로그_ 당신은 어떤 답을 원하는가 · 11

1부. 꿈을 현실로 만드는 힘, 간절함

1. 당신은 얼마만큼 간절한가

불가능할수록 간절히 원하라 · 22
간절함이 모이면 변화가 된다 · 27
무엇이든 공감하면 이루어진다 · 29
보이지 않는 마음의 힘을 읽어라 · 31
믿음은 행동의 원동력이다 · 35
의심과 두려움이라는 장애물을 넘어라 · 39
파워는 포스를 이긴다 · 44
의식이 정보의 질과 양을 결정한다 · 48

2. 간절함이 원하는 답을 내려준다

첫 번째 힘, 비전 · 55
두 번째 힘, 감각 · 56
세 번째 힘, 파워 · 58
네 번째 힘, 의지 · 58
다섯 번째 힘, 감사 · 59

2부. 부와 성공을 끌어올리는 5가지 힘의 과학

step 1 **진정으로 원하는 비전을 구체적으로 설정하라**

성장을 방해하는 부정적 습관과 기억 · 67

내가 원하는 것을 명확히 하라 · 68

Why? 리스트 · 70

성취감은 나를 리더로 만든다 · 73

변화를 즐기고 창조하라 · 77

돋보기의 원리 · 78

비타민 V를 섭취하라 · 80

실천의 연속적인 사이클 · 84

step 2 **심신의 감각을 살려라**

육감을 통한 커뮤니케이션 · 91

열린 감각은 한계를 이겨낸다 · 94

말이 씨가 된다 · 96

기회를 포착하는 마음의 안테나 · 99

쌍방향 안테나를 세워라 · 101

감각이 살면 저절로 이루어진다 · 103

Leading을 하려면 Reading을 하라 · 106

보이지 않는 세계와 교류하라 · 110

step 3 **긍정의 파워를 선택하라**

생각이 행동을 규정한다 · 118

고정관념은 실패를 부른다 · 122

나를 가두면 암이 된다 · 125

긍정의 직감을 믿고 따르라 · 130

오링O-ring 테스트 · 133

step 4 100% 의지를 갖고 끝까지 행동하라

  100% 의지가 100% 방법을 만든다 · 141
  자신감은 진정한 나를 만날 때 나온다 · 146
  에너지 쟁탈전의 악순환 · 150
  한계란 정신적 장애일 뿐이다 · 152
  한 사람의 간절함이 전체를 움직인다 · 156
  부드러움이 강함을 이긴다 · 158

step 5 주어진 결과를 감사함으로 해석하라

  공짜라는 착각에서 벗어나라 · 168
  감사의 마음은 미래에 대한 투자다 · 173
  높이 나는 갈매기가 멀리 본다 · 176
  내가 바뀌어야 세상이 바뀐다 · 178
  세상은 내 목소리에 대한 메아리 · 180
  진정한 이해가 진정한 최선이다 · 182
  마음의 창은 의식의 크기다 · 185
  간절함으로 의식의 창을 넓혀라 · 187

  에필로그_ 내가 답을 만나기까지 · 190

당신은 어떤 답을 원하는가

"선생님께서는 어떤 답을 찾기를 원하십니까?"

강의를 진행하면서 저는 참석하신 분들에게 이런 질문을 던지곤 합니다. 그러면 선뜻 대답하시는 분도 있지만, 머뭇머뭇 대답을 잘 못 하시는 분들이 더 많습니다.

"스트레스 받지 않고 건강하게 사는 비결!"

"가족들과 좀 더 화목하게 지내고 싶습니다."

"어떤 사람과도 인간관계를 잘 할 수 있는 방법을 알고 싶습니다."

"성공하는 방법, 돈을 많이 버는 방법이요!"

"부하직원들을 잘 이끌어서 하나 되는 조직문화를 만들고 싶습니다."

"잘 모르겠습니다. 회사에서 가라고 하니까 그냥 왔지요……."

참석하신 분들의 말을 듣고 나서 다시 이렇게 말씀드립니다.

"네, 제가 1박 2일 동안 여러분이 원하시는 그 모든 것을 이룰 수 있는 비법을 알려드리도록 하겠습니다."

너무도 확신에 찬 이야기에 참석하신 분들은 또 한 번 고개를 갸우뚱하며 의심 가득한 표정으로 쳐다봅니다.

"원하는 것은 무엇이든지 이루어질 수 있는 비법이 있다고? 돈과 명예, 그리고 건강과 행복까지도? 에이, 세상에 그런 게 어디 있겠어? 과연 그렇게 될 수 있을까?"

그러나 1박 2일간의 프로그램이 끝날 때쯤이면 닫혔던 마음들이 하나 둘 열리고, 굳었던 표정이 환하게 풀리며, 자신감 없던 얼굴에는 어느새 무언가 소중한 것을 깨닫고 난 후의 미소가 흐릅니다. 손잡는 것조차 어려워하던 서먹서먹한 분위기가 어느새 서로를 부둥켜안고 기쁨을 나누는 감동의 장으로 변해 있습니다.

실패의 참담함을 딛고 다시 일어설 수 있는 용기와 자신감을 얻었다는 분, 사랑을 모르던 차가운 가슴에 따뜻한 사랑의 봄바람을 느꼈다는 분, 모든 불행을 남의 탓으로 돌려왔지만 그 불행의 시작이 바로 자신으로부터 비롯되었음을 깨달았다는 분, 가족의 소중함을 되찾는 크나큰 계기가 되었다는 분, 이기주의와 패배의식 속에서 다툼하던 동료들이 하나 되어 서로 뜨겁게 부둥켜안는 그 장면들……. 이보다 더 아름다운 광경이 어디에 또 있을까요?

어떻게 30~40년 이상의 인생을 살아온 분들이 단 1박 2일의 과정 속에서 저렇게 변화될 수 있을까? 제 자신도 깜짝 놀랄 때가 한두 번이 아닙니다. 그런 모습을 볼 때면 참으로 신기하고, 또 감사한 마음에 눈시울이 붉어지곤 합니다.

이미 제 프로그램을 체험한 700여 개 기업체와 관공서의 30만여 명의 직장인 중 95% 이상이 교육의 내용에 대해 '만족한다.'고 답변해주셨고, 아울러 기업교육 책임자들은 제 프로그램 과정을 산업교육 최우수상과 대상으로 선정해주셨습니다. 그래서 저는 늘 감사한 마음으로 교육 과정을 보완 발전시키는 일에 최선을 다하고 있습니다. 프로그램에서 받은 큰 감동을 보다 오래 간직하고, 많은 사람들과 함께 나누고 싶다는 요청들이 그전부터 많았습니다. 그래서 뒤늦게 그 핵심 내용을 책으로 펼쳐내게 되었고 이어서 이번에 개정판을 내게 되었습니다. 여기엔 힘든 시기를 저와 함께 이겨내신 분들의 성원이 큰 도움이 되었습니다.

이 책을 기업경영에 접목시켜 탄생시킨 것이 바로 '의식경영意識經營' 법입니다. 우리 기업들이 세계 초일류 기업이 되기 위해서는 세계 최초의 아이디어, 세계 최고 수준의 기술력 확보와 상품개발에 대한 정보와 연구가 필요할 것입니다.

그러나 기술 선진국들이 이 무한 경쟁시대에 신기술을 이전해줄 리도 없을 것이고, 설사 준다고 해도 엄청난 액수의 로열티를 지불해야 하거나 이미 경쟁력이 떨어지는 것만을 넘겨줄지도 모릅니다. 기술 선진국에만 의존하다 보면 소꼬리를 잡고 소를 모는 격이 될 수도 있습니다. 어떻게 하면 고삐를 꼭 움켜쥐고 앞장서서 소를 몰고 갈 수 있겠습니까?

그 답은 바로 개인과 조직의 의식수준을 높이는 것입니다. 거대한 가능성을 활용할 수 있는 키워드가 바로 '의식수준'이기 때문입니다. 의식수준의 높낮이에 따라 그 사람이 생산해내는 가능성의 질과 양이 결정됩니다. 도둑 의식에서는 도둑질하는 정보와 행동이 나오고 성인聖人의 의식에서는 세상을 살리는 정보와 행동이 나오는 이치와 같습니다.

따라서 기업이 국제적인 경쟁력을 갖추기 위해서 무엇보다 중요하고도 시급한 것은 기업 구성원들의 '의식 경쟁력'을 갖추는 것입니다. 현재 이 지구상에 존재하지 않는 정보와 기술, 그리고 아이디어를 창조할 수 있는 기법이 의식경영 속에 담겨 있습니다.

우리 인생은 여행이라고 하면 여행이라 할 수가 있겠지요. 여행은 다른 사람이 대신 해줄 수가 없습니다. 자신 스스로 직접 느끼고 체험할 때 비로소 값진 여행이 될 것입니다. 한 개인의 인생과 한 기업의 발전이 값진 여행이 되기를 원하신다면, 이 책을 마음껏 활용하십시오. 원하시는 모든 것이 이루어질 것입니다.

이 책은 한 번 읽고 책꽂이에 머물게 하기에는 너무나 귀중한 메시지를 담고 있습니다. 무엇이든 뜻대로 되지 않거든 이 책을 다시 꺼내들고 무엇이 문제인지를 찾아보십시오. 한 장 한 장 읽어 내려가는 동안에 많은 생각과 메시지들이 떠오를 것입니다. 그리고 이 책이 알려주는 그대로 간절한 마음을 이끌어내보세요. 여러분의 생활에 많은 긍정적인 변화들이 일어날 것입니다. 지금까지 느껴보지 못했던 '성공의 답'을 만나게 될 것입니다.

　우선 100일간 실험을 해보십시오. 그리고 여러분이 원하던 것이 어떻게 이루어졌는지 저에게 메일을 보내주시기 바랍니다. 저도 답장을 드리겠습니다. 모든 것은 나누면 나눌수록 커집니다. 독자 여러분 모두, 의식의 힘을 키우고 간절히 원하는 모든 것을 이루시기 바랍니다.

1부
꿈을 현실로 만드는 힘, 간절함

인생에 있어서 기회가 적은 것은 아니다.
단지 그것을 볼 줄 아는 눈과, 붙잡을 수 있는 의지를 가진 사람이
나타나기까지 기회는 잠자코 있는 것이다.

— 로렌스 굴드

1. 당신은 얼마만큼 간절한가

　　　　출근할 때 가끔 내 차를 못 찾는 경우가 있습니다. 무조건 지하 주차장으로 가다가 차가 없는 것을 발견하고는 아차! 하면서 다시 지상 주차장으로 올라오는 경험을 종종 하게 됩니다. 이런 경험을 할 때면 참으로 얼굴이 화끈거립니다. 의식적으로 생각하기 전에는 예전에 하던 그대로 무의식이 나를 안내하는 것입니다. 무의식은 그렇게 나와 아주 친한 친구가 되어버렸습니다.

　우리의 행동 하나 하나는 무의식 속에 이미 프로그램 되어 있습니다. 선택의 90%는 무의식에 각인된 자동선택장치에 의해서 이루어진다고 합니다. 다시 말해 의식적으로 선택할 수 있는 경우는 10%에 해당된다는 의미로 해석할 수 있습니다.

　일상적인 행동의 대부분은 말 그대로 '습관적으로' 이루어집니다. 오늘의 습관을 자세히 살펴보면, 그것이 나의 미래 인생을 진행시키고 있음을 알 수 있습니다. 앞날의 내 모습을 떠올려 보고 싶으면 오늘의 습관을 점검하세요. 한 번 새겨진 습관의 길은 안락하고 편안합니다. 하지만 생각 없이 하던 대로의 습관을 계속하는 것은 매우 위험 할 수도 있습니다. 그냥 그렇게 살다가 죽을 수밖에 없는 인생이 되기 때문이지요.

옛 속담에 "가랑비에 옷 젖는 줄 모른다."는 말이 있습니다. 조금씩 내리는 빗방울도 계속 맞다 보면 흠뻑 젖는다는 것이지요. 습관의 위력을 잘 나타내주는 대표적인 속담입니다. 성공하고 싶다면 현재의 습관을 바꾸려는 의식적인 작업이 필요합니다. 의식적인 노력은 항상 자신이 무엇을 생각하고 행동하고 있는지를 의식해야 합니다. 의식이 무의식을 이기려면 늘 깨어 있어야 하며, 무의식이 절대로 잠들지 않게 해야 합니다. 의식이 잠시만 경계를 늦추면 무의식은 힘을 발휘합니다. 무의식이 의식에게 길들여지도록 새로운 습관을 지속적으로 반복해야 합니다. 새로운 길이 날 때까지 반복을 해야 무의식이 의식의 말을 듣고 자연스럽게 무의식의 습관으로 허락을 해주는 것입니다.

성공을 하는 사람과 그렇지 못한 사람의 차이는 무엇일까요? 그것은 바로 성공을 위한 의식이 있느냐 없느냐의 차이입니다. 세상의 수많은 사람들이 엄청난 양의 자기계발서를 읽고 세미나에 참석하며 여기저기로부터 컨설팅을 받으면서도 성공하지 못하는 까닭은 무엇일까요? 아는 것은 너무나 많은데 단지 그것을 행동으로 실천하지 못하기 때문입니다. 습관을 통해 성공의 에너지 패턴을 획득하지 못했기 때문이지요. 알고 있는 것으로 충분하다는 인식의 나쁜 습관을 지우고 행동하는 좋은 습관을 무의식에 각인시켜야 합니다.

저는 크게 생각하고 작게 시작하기를 여러분께 권합니다. 하나하나씩 무의식 속에 길을 만들어가세요. 처음에는 잡초도 많고 가시도 많은 험난한 길이지만 자주 다니면 길이 만들어집니다. 새로운 길은 단숨에 만들어지지 않습니다. 무의식적인 습관이 될 때까지 반복하세요. 그러기 위해서는 절제된 인내가 필요합니다. 또한 자기 절제를 통한 끈기를 키워나가야 합니다. 여기에 끈기도 하나의 습관이 될 수 있는 꾸준함 또한 필요합니다.

작은 성공체험이 자신감을 키워줍니다. 하나씩 차근차근하게 성공의 체험을 경험하세요. 너무 한꺼번에 바꾸려고 욕심을 내지 말고, 자신의 무의식에 원 포인트 레슨을 하는 것이 성공의 정도입니다. 복잡하면 단 하나도 제대로 이루어내지 못합니다. 돋보기로 먹지를 태우듯이 순간순간에 집중을 하면서 무의식의 습관을 만들어가세요! 내가 원하는 성공적인 습관의 의식이 무의식이 될 때까지 인내하고 노력하고 최선을 다하세요. 성공은 습관이자 태도입니다.

불가능할수록 더욱 간절히 원하라

혹시 살아오면서 이런 경험이 없으셨습니까? 혼자서 어떤 노래를 흥얼거리고 있는데 라디오에서 마침 그 음악이 흘러나왔다든가, 남 몰래 마음속으로 어떤 것을 바라고 있었는데 얼마 안 가서 실제로 그렇게 되어버렸다든가, 어떻게 풀어나가야 할지 몰라 골똘히 문제를 고민하던 중에 무심코 펼쳐 든 책에서 그 답을 발견했다든가, 가기 싫은 모임이 잡혀 있어 차라리 아팠으면 좋겠다고 생각했는데 정말로 감기몸살에 걸려 며칠 동안을 끙끙 앓았다든가, 헤어진 지 오래된 어떤 사람이 그날따라 유난히 생각이 나서 예전에 함께 거닐던 장소에 갔는데 그 사람과 문득 마주치게 되었다든가……. 그럴 때면 당신은 이렇게 말하겠지요.

"대단한 우연의 일치야! 호랑이도 제 말 하면 온다더니, 바로 오늘 아침에 당신 생각을 하고 있었는데……."

이것은 정말 단순한 우연의 일치였을까요?

이런 우연의 일치는 일상생활에서뿐만 아니라 논리를 바탕으로 하는 과학에서도 종종 나타납니다. 요즘 생명공학이 첨단과학으로서 전 세계적으로 주목받고 있습니다. 그러나 맨 처음 유전자 구조를 발견한 과학자는 이름도 알려지지 않은 젊은 과학자였다고 합니다. 그는 유전자 구조를 연구하다가 어느 날 꿈을 꾸게 되었는데, 꿈 속에서 그렇게도 고민하던 유전자 구조를 보게 된 것입니다. 그 젊은이가 그런 꿈을 꾸게 된 것은 과연 단순한 우연이었을까요? 사과나무에서 사과가 떨어지는 것을 보고 만유인력을 발견한 뉴턴, 때마침 그때 사과가 떨어졌던 것은 과연 우연의 일치였을까요? 뉴턴은 풀리지 않는 수학 문제의 답을 잠을 자면서 얻은 적이 여러 번 있다고 고백했습니다. 그러한 고백이 우리에게 시사하는 바는 무엇일까요? 혹시 이 모든 우연들이 사실은 그 사람이 무의식 중에 간절히 원했던 것들에 대한 답은 아니었을까요?

이 우주는 우리가 원하는 것을 이루어주기 위해 엄청난 메시지들을 보내고 있습니다. 단지 어떤 사람은 그것을 답으로 받아들였고 어떤 사람은 그것을 우연이며, 비과학적이라고 무시했을 뿐입니다.
우리가 흔히 직관이라고 부르는, 기존의 지식과 상식을 뛰어넘는, 이 세상에 없는 새로운 것을 창조하는 그런 아이디어와 혜안들……. 인류의 역사에서 위대한 업적을 남긴 사람들은 다른 사람들이 우연이라고 넘겨버린 내면이 준 답의 지혜를 받아쓰고 있었던 것입니다.

⊙ 상대성 이론의 창시자 아인슈타인(Einstein)
"나는 기초적인 법칙을 발견할 때, 논리적인 조리를 따지지 않고 직감에 의존한다."

⊙ 원소주기율표를 만든 멘델레예프(Mendeleyev)
"나는 원소주기율표 전체를 꿈에서 완성했다."

⊙ 음악의 천재 모차르트(Mozart)
"작곡하는 모든 곡들이, 어디선지 모르게 들려왔다. 그것은 아름다운 조각처럼 입체적으로 보였다."

⊙ 오페라의 거장 푸치니(Puccini)
"〈나비부인〉은 신이 나에게 말해준 것으로, 나는 그것을 종이에 옮겨 놓기 위한 도구에 지나지 않았다."

⊙ 독일 문학의 거장 괴테(Goethe)
"나는 시를 전혀 잘못된 방식으로 지었다. 나는 사전에 어떤 인상도 어떤 예감도 갖지 않았다. 그것은 단지 내 마음 가운데 쏟아져 내리고 샘솟아 올랐다고 생각한 어느 사이에 갑자기 완성되었다. 나는 본능적으로 꿈을 꾸듯이, 그 자리에서 써 내려가도록 쫓기는 느낌을 받았을 뿐이다."

⊙ 소설가 디킨스(Dickens)
"책을 쓰려고 책상에 맞대고 앉으면, 무엇인가 자비심이 넘치는 힘이 느껴진다.”

⊙ 기업 경영의 신 마쓰시다 고노스케(松下華之助)
“마쓰시다 전기의 과거 60년 동안의 경영은 그때그때 떠오른 직감과
영감으로 진행시켜온 면이 적지 않다. 그리고 대개 내 가슴에 그려진
그대로 업적은 진전되었다.”

⊙ 『하버드 비즈니스 리뷰Harvard Business Review』
“하버드 비즈니스 스쿨에 있는 한 연구에 따르면 최고 경영자들의
80%가 그들의 성공을 자신들의 ‘직관에 따른 행동(acting on their
intuition)’ 덕으로 믿고 있다.”

노벨상 수상자인 오토 로위Otto Loewi는 꿈을 통해 신경의 신호
전달이 화학물질로 이루어진다는 이론을 완성했다고 하며, 물리학
자인 닐스 보어Niels Bohr는 꿈에서 진기한 태양계의 모습을 보았
는데, 그 태양계 모습을 본뜬 보어의 원자구조 이론은 현대 원자물
리학의 기초가 되었다고 합니다.

이처럼 노벨상을 받은 사람들에게 발명, 발견의 동기를 물어보면
대부분 “신이 가르쳐 주었다.” 혹은 “직감에 의한 것이었다.”라고
대답하고 있습니다. 스스로의 머리로 생각하였다고 말하는 사람은
찾아보기 힘듭니다.

기업경영도 마찬가지라고 생각합니다. 굴지의 사업을 일으킨 그

룹 회장들의 자서전을 보면 초등학교밖에 나오지 않아 배우지 못한 것들을, 이성적인 판단이나 분석으로서가 아닌 본능적인 감각과 직관력에 의존하여 남들이 안 된다는 사업을 기적같이 일으켜 성공시킨 경우가 허다합니다.

그것이 바로 '지식'과 '지혜'의 차이점입니다. 배워야 아는 것이 '지식知'이라면 빛日, 즉 밝고 높은 의식수준에 도달하여 원하는 것을 저절로 깨닫게 되는 것이 '지혜智'인 것입니다. 인류 역사상 비범한 재능을 나타낸 모든 예술가, 철학자, 경영자, 지도자 등은 자신도 모르는 사이에 '직감' 또는 '영감'이라는 형태로 내 안의 가능성의 무한한 지혜를 받아 자신이 원하는 것을 저절로 이루게 하는 '신지神智'를 터득하고 있었던 것입니다.

그러나 문제는 아쉽게도 보통 사람들은 이 놀라운 프로그램을 제대로 활용하지 못하고 자신이 가진 두뇌 능력의 5%도 채 쓰지 못한 채 생을 마감한다는 것입니다. 만약 풍부한 자원도 없고 국토도 작은 우리나라에서 많은 사람들이 잠들어 있는 95%의 두뇌를 깨우고 활용할 수 있는 원리를 터득하여 활용할 수만 있다면, 엄청난 풍요와 결실을 거둘 수 있지 않을까요? 우리가 마음속으로 바라기만 했던 많은 바람들이 현실로 우리 앞에 나타날 수 있지 않을까요?

이런 얘기를 하면, "에이, 그건 특별한 사람들만의 일이지…… 우리같이 평범한 사람들에게 그런 게 가능하겠어?"라고 하실 분도 있을 겁니다. 그러나 내면의 무한한 지혜를 받아쓰는 방법을 터득하는 것이야말로 급변하는 이 시대에 우리의 미래를 보다 풍요롭게 바꾸어줄 가장 확실한 답이라고 믿습니다. 그리고 그 답은 누구에게나 존재하는 것입니다.

모차르트에게 화학구조가 보인 것이 아니고, 아인슈타인에게 음악이 들리거나 소설 줄거리가 보인 것이 아닙니다. 그들은 모두 자기가 현재 몰두하고 있는 문제에 대한 암시나 답을 얻었습니다. 그리고 그 답을 얻기까지 자신이 원하는 것을 마음속으로 간절히 찾았고, 그것을 위해 스스로의 에너지를 집중하는 과정이 있었습니다. 세상의 모든 답은 그렇게 간절히 원하는 사람에게 찾아오는 것입니다. 일반인들은 단지 자신 안에 있는 프로그램을 쓰는 방법을 잘 모르고 있었던 것뿐입니다. 그래서 내 안의 성공 답에 대한 확신을 드리고 그 간절함의 마법을 함께 나누고자 합니다.

인류 역사상 위대한 업적을 남긴 이들은 도대체 어떻게 내면의 무한한 지혜와 힘을 받아 썼던 것일까요? 그들만이 가진 어떤 비결이 있었던 것일까요? 이제부터 그 비밀을 한번 밝혀보도록 하겠습니다. 그럼, 출발해보실까요?

간절함이 모이면 변화가 된다

일본의 고지마라는 섬에 일본원숭이 무리가 살고 있다고 합니다. 그들의 주식은 밭에서 막 뽑아낸 진흙투성이 고구마였는데, 먹을 때마다 고구마에 붙은 흙이 여간 성가신 것이 아니었습니다. 손으로 비비고 털에 문질러도 보았지만 여전히 씹을 때마다 입 속에서 흙이 서걱거렸습니다.

어느 날 젊은 암컷 원숭이 한 마리가 우연히 강물에 고구마를 씻어 먹게 되었습니다. 강물에 씻어 먹으니 전혀 흙이 씹히지 않아 편리했습니다. 이를 본 젊은 원숭이와 새끼 원숭이들이 흉내를 내기 시작했고, 마침내 나이 든 몇몇을 제외한 모든 원숭이들이 고구마를 강물에 씻어 먹게 되었다고 합니다. 암컷 한 마리의 지혜가 무리 전체의 새로운 생활양식으로 정착된 것입니다.

그러던 어느 날 오랜 가뭄으로 강물이 말라버렸습니다. 원숭이들은 물을 찾아 돌아다니다 마침내 바닷가에 이르렀습니다. 고구마를 바닷물에 씻어 먹으니 뜻밖에도 소금기가 배어 짭짤한 것이 한결 더 맛있게 먹을 수가 있었습니다. 원숭이들은 이제 바닷물에 고구마를 담갔다가 한 입 베어 먹고, 다시 담갔다가 한 입 베어 먹는 식으로 간을 맞추어 먹는 지혜도 배우게 되었습니다.

그런데 더욱 놀라운 일이 벌어졌습니다. 그로부터 얼마 후 고지마 섬에서 멀리 떨어져 원숭이들이 서로 전혀 왕래할 수 없는 다른 섬에서도 원숭이들이 고구마를 바닷물에 씻어 먹기 시작했던 것입니다. 서로 정보를 주고받은 것도 아닌데, 어떻게 이런 일이 가능했을까요?

원숭이들은 수백만 년 전부터 지구상에 존재해왔습니다. 그 긴 세월 동안 고구마를 바닷물에 씻어 먹은 원숭이는 없었습니다. 그런데 한 마리의 암컷 원숭이가 고구마를 바닷물에 씻어 먹기 시작하자, 그 방법을 배운 적이 전혀 없는데도 거의 동시에 고구마를 씻어 먹는 원숭이 무리들이 우후죽순처럼 여기저기서 나타나기 시작했던 것입니다.

미국의 과학자 라이언 왓슨은 이것을 '백한 마리째 원숭이 현상'이라고 이름 붙였습니다. "어떤 행위를 하는 개체의 수가 일정량에 달하면 그 행동이 그 집단에만 국한되지 않고 공간을 넘어 확산되어 가는 불가사의한 현상."을 말하는 것입니다.

무엇이든 공감하면 이루어진다

이러한 현상이 어떻게 가능한 것일까요? 영국의 생화학자인 루퍼트 셸드레이크Rupert Sheldrake는 동시다발적으로 고구마를 바닷물에 씻어 먹는 일본원숭이들의 이런 현상을 '공명현상共鳴現象'이라는 이론으로 체계화하였습니다. 그것이 '셸드레이크의 가설'입니다.

셸드레이크의 가설에 따르면 최초의 원숭이가 고구마를 씻어 먹기 시작한 순간 '고구마 씻기'라는 하나의 '유형의 장(morphogenetic fields, 혹은 M-fields)'이 생겨났습니다. 이때 옆에 있던 다른 원숭이들이 이 유형을 흉내 내면서 유형의 장은 점차 강해졌고, 그 힘이 충분히 변화를 일으킬 수준에 이르렀습니다. 그러자 평소에 비슷한 고민을 갖고 있던 다른 섬 원숭이들의 생각과 고구마 씻기 유형의 장의 에너지가 공명작용을 일으키면서 메아리처럼 퍼져나가기 시작했던 것입니다.

누군가의 어떤 행동에서 한 순간 특정한 유형의 장이 생성되고, 이를 원하고 공감하는 사람들이 늘어날수록 유형의 장은 강해지며, 마침내 그 숫자가 일정 수준에 이르면 유형의 장은 공명현상을 일으키며 멀리멀리 퍼져나간다는 이론입니다.

이런 현상은 우리사회에서도 숱하게 벌어져왔고, 지금 바로 이 순간에도 실제로 벌어지고 있습니다. 얼마 전까지 골프대회 우승은 서양인들의 전유물이라고 생각했지만 박세리 선수가 세계 골프대회에서 우승한 뒤 갑자기 많은 선수들이 세계 골프계에서 두각을 나타내기 시작했고, 그 후로 김미현 선수를 비롯한 여러 선수들이 세계대회에서 우승을 했습니다.

우리 주변 일상생활에도 잘 살펴보면 이처럼 놀라운 현상들이 쉽게 발견됩니다. 한 회사에서 어떤 분야의 신기술을 발명하면, 서로 정보를 주고받은 것도 아닌데 그 회사와 경쟁하던 다른 회사들에서도 잇따라 비슷한 기술들을 개발해내곤 합니다.

이처럼 어느 누군가 새로운 일을 하는 순간 또 하나의 새로운 유형의 장이 형성되는 것입니다. 그리고 이에 공감하는 사람들이 늘어남에 따라 유형의 장은 점차 강해집니다. 또한 그 힘이 일정 수준에 이르게 되면 유형의 장은 마치 메아리가 산 전체로 퍼져나가듯이 확산되어가는 것입니다.

생각해보십시오! 그저 "우연의 일치겠지!" 하고 넘어가기에는 뭔가 미심쩍은 구석이 있지 않습니까? 이 의문을 푸는 일은 아주 중요합니다. 바로 이 문제의 답 속에 우리가 원하는 모든 것을 이루어줄 수 있는 힘, 즉 무한가능성의 문을 여는 열쇠가 들어 있기 때문입니다.

그 열쇠는 '이 세상 모든 개체들은 각기 하나의 거대한 데이터베이스에 연결되어 있는 퍼스널 컴퓨터와 같으며, 에너지 파동을 통해 끊임없이 서로 정보를 주고받고 있다.' 라는 것입니다.

보이지 않는 마음의 힘을 읽어라

이 세상은 우리 눈에 보이는 세계와 눈에 보이지 않는 세계로 이루어져 있습니다. 또한 우리 눈에 보이는 세계는 그 이면에 존재하는 눈에 보이지 않는 세계에 따라 만들어지는 것입니다. 따라서 우리가 원하는 모든 것을 이룰 수 있는 비법을 터득하기 위해서는 먼저 이 두 가지 세계를 동시에 볼 수 있는 '관점의 전환paradigm shift' 이 이루어져야 합니다.

보이는 세계에서는 모든 일들이 마치 당구공이 차례로 부딪히듯이 A가 B에게 영향을 미치고, B가 다시 C에게 영향을 미치는 식으로 사건들이 직선적으로 진행되는 것처럼 보입니다. A는 B의 원인이 되고 B는 C의 원인이 되는 것입니다.

원숭이들이 고구마를 바닷물에 씻어 먹는 과정을 여기에 대입해 보면 다음과 같습니다.

위의 도표로 볼 때 A에서 B로의 진행은 쉽게 이해할 수 있을 것입니다. 그러나 문제는 B에서 C로의 진행입니다. 앞에서 설명한 대로 고지마섬은 다른 지역과 완전히 단절되어 있어, 다른 지역의 원숭이들이 고구마를 바닷물에 씻어 먹는 고지마섬 원숭이의 행위를 모방할 수는 없습니다. 눈에 보이는 세계만으로는 B에서 C로의 진행이 원활치 않은 것이 분명합니다. 그렇다면 눈에 보이지 않는 세계에서는 어떻게 사건이 전개될까요? 보이지 않는 세계에서는 각각의 사건들이 하나의 데이터베이스에 연결되어 서로 정보를 주고받게 되는 것입니다. 즉 암컷 원숭이가 바닷물에 고구마를 씻어 먹은 정보가 즉시 유니버설 데이터베이스에 전달되었고 동시에 그러한 정보를 원하고 있던 고지마섬과 다른 섬의 원숭이들에게도 마찬가지로 그 정보가 전달되었던 것입니다. 이는 마치 우리가 집 안에 가만히 앉아서도 원하는 주파수에 채널을 맞추기만 하면 TV를 통해 지구촌 곳곳의 정보를 수신할 수 있는 것과 같습니다.

보이지 않는 세계에서는 에너지 파동을 통해 이 세상의 모든 정보가 서로 교환되고 있는 것입니다. 나는 보이지 않는 에너지 파동으로 연결된 이 거대한 정보망을 '우주정보 네트워크' 즉, '유니넷 Uninet'이라 부르고 싶습니다. 이는 마치 대형 메인 컴퓨터와 퍼스널 컴퓨터의 연결과도 같습니다.

앞으로는 '유니넷'의 존재를 먼저 깨닫고 활용하는 사람이 성공하게 될 것이라 확신합니다. 우리는 지금 농경시대와 산업시대를 지나 정보시대에 살고 있습니다. 눈에 보이는 세계의 정보를 집대성한 인류 최대의 걸작품, '인터넷' 덕분으로 이미 지구촌 전체가 하나의 정보망 속에 통합되어 가고 있습니다. 그리고 이제 인류는 또 한 단계의 진화와 창조를 예감하고 있습니다. 그것은 바로 우주정보 네트워크 '유니넷'의 활용입니다.

요즘 기업에서는 지식경영의 중요성이 높아지며 인터넷이나 사내 인트라넷을 통한 지식뱅크 구축과 활용에 많은 노력을 기울이고 있습니다. 그러나 인트라넷이나 인터넷을 통한 지식의 연결은 한계가 있습니다. 이미 누군가가 알고 있는 지식이므로 그 가치가 상대적으로 낮기 때문입니다. 이제는 태곳적부터 우주생성의 모든 비밀

유니넷에 접속하여 유니버설 데이터베이스의 지혜와 에너지를 끌어다 쓰는 힘이 바로 우리 자신의 뇌 안에 있다

과 지혜를 간직한 '유니넷'에 접속해 지식의 차원을 넘어 지혜를 받아 써야 할 때입니다.

우리에게는 아직까지 낯선 이야기겠지만, '유니넷'의 존재는 이미 과학을 통해 점차 입증되고 있습니다. '유니넷'을 통해 인류는 마침내 보이는 세계와 보이지 않는 세계를 통합하여 우주가 생긴 이래의 모든 정보를 담고 있는 저 거대한 유니버설 데이터베이스를 마음껏 열람할 수 있는 열쇠를 쥐게 된 것입니다. 무한한 보물창고 '유니넷'의 활용은 우리에게 분명 더 나은 미래와 풍요를 가져다줄 것입니다. 이제 '유니넷'을 언제 어디서나 자유자재로 열람할 수 있는 간절함을 통해 '유니넷'의 무한 보물을 마음껏 끌어다 쓰는 비결을 알아볼까요?

믿음은 행동의 원동력이다

미국 워싱턴 주에서 실제로 있었던 일입니다. 어느 날 나무가 흔들릴 정도의 조금 강한 바람이 불었습니다. 그러자 콘크리트로 만들어진 교외의 큰 다리가 바람결에 따라 갑자기 출렁이기 시작했다고 합니다. 그렇게 몇 회를 거듭하더니 그 큰 다리가 이윽고 한순간에 와르르 무너져버리고 말았습니다. 평소에는 어지간한 충격에도 꿈쩍하지 않던 튼튼한 다리가 어떻게 그 정도의 바람결에 무너져버리게 되었을까요?

이는 바로 앞서 설명한 에너지의 '공명현상'에 의한 것입니다. '유유상종'이라는 말처럼 에너지는 파동수가 비슷한 것끼리 서로 동조同調하는 속성이 있습니다. 우리 속담에 "끼리끼리 논다."는 말도 있지요. 그처럼 그때 불었던 바람의 에너지 파동수와 다리의 에너지 파동수가 비슷하여 서로 동조하다가 한 순간에 무너져버린 것입니다. 그렇다면 정지해 있는 것 같아 보이는 그 큰 다리 속에 어떤 에너지 파동이 출렁이고 있었다는 것일까요?

아인슈타인은 양자역학을 통해 다음과 같은 놀라운 사실을 우리에게 알려주었습니다.

"우리가 살고 있는 이 세상의 모든 물질物을 쪼개고 쪼개다 보면 결국 '하나의 진동하는 에너지파氣'로서 서로 연결되어 있으며, 이는 관찰자가 기대心하는 방향으로 움직인다. 즉 마음이 가는 대로 우주만물은 움직이고 있다."

보이지 않는 에너지의 차원에서는 입자가 곧 에너지이며 우주 전체가 '너'와 '나'의 구별이 없는 하나의 생명체로서 역동적으로 꿈틀거리고 있는 것입니다. 또한 이 보이지 않는 에너지는 관찰자가 기대하는, 마음먹은 방향으로 움직여 눈에 보이는 세상을 창조하고 있다는 것입니다. 그렇다면 보이지 않는 세계에서는 하나로 연결되어 움직이는 에너지가 어떻게 우리의 눈에는 개별적인 물질로 보이게 되는 것일까요? 그 비밀의 답은 바로 '에너지가 움직이는 속도'에 있습니다.

파동이 1초에 한 번 진동하는 것을 1Hz라고 합니다. 1만~10만 Hz 는 장파長波, 10만~300만 Hz는 중파中波, 그 이상은 단파短波, 그리고 3,000만 Hz 이상을 초단파超短波라고 합니다. 그런데 기계장치를 통해 허공을 진동시켜 에너지의 진동수를 초단파보다 높게 하면 놀랍게도 눈으로 볼 수 있는 '빛'이 탄생하게 됩니다. 그보다 높이 진동시키면 '색'이 되며, 점차적으로 '냄새'에서 '맛'으로 변화되어갑니다. 그보다 더 높이게 되면 드디어 손으로 만질 수 있는 '물질'이 탄생되는 것입니다.

이러한 자연의 설계에 대해 알렉산드라 데이비드 닐과 라마 용덴이 쓴 『티벳 승려의 비밀스런 가르침 *The Secret Oral Teachings In Tibetan Buddhist Sects*』[1]이란 책에 다음과 같은 말이 나옵니다.

"만질 수 있는 세계는 운동 바로 그것이다. 세계는 운동하는 물체들의 집합이 아니라 운동 그 자체다. '운동' 속에는 아무런 물체도 없으며, 우리한테 드나드는 물체들을 구성하고 있는 것이 바로 운동이다. 물체들은 운동 이외의 아무것도 아니다. 이 운동은 지속적이고 무한히 빠른 에너지 섬광의 연속으로 이루어져 있다. 우리의 감각으로 지각할 수 있는 모든 물체와, 어떤 종류나 모양에 관계없이 모든 현상은 찰나적 사건들이 매우 빠르게 연속적으로 모여 이

---

1) 이차크 벤토프, 『우주심과 정신물리학』, 류시화, 이상무 번역, 정신세계사, 1987.

루어진 것이다."

　서로 다른 형태의 에너지는 각각 고유한 정보를 담고 있습니다. 파동수가 비슷한 에너지들은 하나로 동조하여 정보를 주고받으며, 서로 뭉쳐서 하나의 '에너지 장(場, fields)'을 형성하기도 합니다.

　한 가족은 물론, 서로 다른 사람들끼리도 한 직장에서 일하다 보면 서로 일하는 스타일이나 성격, 말투, 옷 입는 스타일, 심지어는 얼굴 생김새까지 비슷해지는 경우를 종종 보곤 합니다. 보이는 세계에서는 각자 일하는 공간과 내용이 달라도, 일단 그 조직의 '에너지 장'에 속하게 되면 보이지 않게 서로의 에너지와 정보가 교류되어 구성원 전체가 비슷한 에너지 패턴energy pattern을 갖게 되는 것입니다.

　여러 기업의 직장인들을 모아서 강의를 진행하다 보면 가르쳐주지 않아도 '저 사람은 삼성맨, 저 사람은 현대맨, 저 사람은 LG맨' 하고 느낄 수 있는 것도 조직의 에너지 패턴이 영향을 주고 있기 때문일 것입니다. 옛날 우리 조상들이 서로 얼굴도 안 보고 그 집안과 가문의 내력만 보고도 자식들을 시집 장가보내고 했던 것도 바로 이러한 '에너지 장'의 원리를 깨닫고 있었기 때문이 아닐까요?

　앞서 살펴본 바와 같이 비슷한 파동수의 에너지끼리는 서로 공명 현상을 일으켜 정보를 주고받고 있으며, 각 분야의 천재들은 자신이 간절히 이루고자 원하는 분야에 대해 강력한 에너지 파동을 뿜

어냄으로써 '유니넷'의 해당 에너지 장과 동조하여 원하는 지혜를 끌어왔던 것입니다.

의심과 두려움이라는 장애물을 넘어라

어느 날 한 엄마가 아이와 함께 동물원에 구경을 갔다고 합니다. 사자 우리 앞에서 한참 구경을 하고 있는데 아이가 잘못해서 우리 안에 들어가버렸습니다. 그러자 그 가냘픈 여인이 자기 아이를 구하기 위해 힘센 성인 남자들도 엄두를 못 내는 굵은 쇠창살을 휘어버리고, 사자 우리 안으로 들어가 아이를 구해냈다고 합니다. 놀랍지 않습니까?

우리가 살아가면서 종종 목격하는 기적 같은 힘들은 과연 어디서 나오는 것일까요? 그 답은 바로 우리의 뇌, 그 중에서도 '뇌간' 안에 있습니다. 아무런 의심과 두려움 없이 오로지 사랑하는 아이를 구해야겠다는 간절함이, 잠들어 있던 95%의 뇌의 능력을 흔들어 깨웠던 것입니다.

우리 몸의 세포 하나하나는 온 우주에 넘쳐흐르고 있는 에너지 파동정보psychic information를 주고받는 개인 단말기, 개인용 컴퓨터라고 할 수 있습니다. 우리의 뇌 역시 주변의 에너지 파동에 대해 끊임없이 반응하고 있습니다. 영국 프린스턴 대학의 신경생리학자 칼

프리브럼Karl Pribram은 이에 대해, "뇌는 주변의 파동에 대하여 피아노 건반처럼 공명하고 있다."고 말하고 있습니다.

마치 손가락의 움직임에 따라 '도레미~'하고 각각의 건반이 소리를 내는 피아노처럼, 주변의 에너지 파동에 따라 뇌의 각 부분들이 여러 가지 형태의 뇌파를 보이며 독자적으로 움직이고 있다는 것입니다.

그러나 각자 움직이던 뇌의 각 부분들이 마음을 가라앉히고 이완된 상태에서 물끄러미 한 곳을 바라보고 있으면 오직 시각에 대한 뇌파만이 작동을 하게 됩니다. 충분히 집중이 되면 마침내 그 뇌파가 전체에 퍼져 뇌 전체가 하나의 파동으로 통일되는 것입니다.

뇌간은 숨겨진 95% 잠재능력의 비밀을 담고 있습니다. 뇌간은 유니넷의 온갖 다양한 우주정보를 송·수신하는 안테나 역할을 하며, 뇌 내 호르몬을 분비시켜 우리 몸 속 세포가 가지고 있는 무한한 가능성을 열어주는 키의 역할을 하기도 합니다.

즉 우리가 간절히 원하는 하나의 정보가 신피질과 구피질을 지나 뇌간에 입력되면 뇌 전체가 하나의 파장으로 동조되어 변성의식 상태에 들어가게 되고, 생명의 근원인 뇌간과 우주의 에너지 파동이 일치되어 유니넷의 정보를 주고받게 됩니다.

우주파동으로 자극된 뇌간은 뇌내 모르핀을 분비하게 되며, 뇌내 모르핀은 유니넷으로부터 받은 정보에 따라 해당 유전자의 자물쇠를 열어 세포를 새롭게 변화시키고 숨겨진 잠재능력을 발휘하게 만드는 것입니다.

나의 뇌와 우주 뇌와의 에너지 파동을 일치시켜 세포 속의 유전자를 변화시키고 우리 몸의 습관과 행동 패턴을 원하는 대로 바꾸어주는 지혜, 그것이 바로 우리가 이끌어내야 하는 답(DAP)입니다. 답(DAP)은 말 그대로 우리 안의 답이자 인간 잠재 능력의 무한 활용법으로서 유니넷 대한 '데이터베이스 접속 프로그램Database Access Program'이란 뜻입니다. 모든 사람은 태어나자마자 이 유니버설 데이터베이스를 열람하고 그 구성에 참여할 수 있는 권한을 부여받았습니다. 유니넷에 접속하여 무한한 우주의 지혜와 에너지를 끌어다 쓰는 힘이 바로 우리 자신 안에 있기 때문입니다.

신의 선물이라고밖에 볼 수 없는 이러한 '유니넷'과의 접속 프로그램이야말로 바로 인류 역사의 성인들이 공통적으로 강조했던 '자신 안의 답'이며, 잠들어 있던 나머지 95% 능력을 발휘했던 천재들의 축복받은 성공 비결인 것입니다.

우리가 간절히 원하는 것을 뇌간에 입력시키면, 뇌 전체가 우주의 에너지 파동과 동조하여 유니버설 데이터베이스로부터 필요한 정보와 힘을 끌어오고 스스로의 세포를 변화시키는 것입니다.

그러나 그렇게 우리 자신의 뇌간에 원하는 것을 입력시키기란 결코 간단하지만은 않습니다. 뇌간은 생명에 직접적으로 연결된 기능을 담당하기 때문에 만에 하나 엉뚱한 정보가 들어가서 생명에 지장을 주지 않도록 겹겹의 장벽으로 둘러싸여 있습니다. 바로 신피질의 '의심'과 구피질의 '두려움'이라는 장벽입니다.

뇌간에 원하는 정보가 들어가려면, 그 정보에 대한 의심과 두려움의 여지가 전혀 없는 100% 긍정의 상태라야 합니다. 그러나 우리가 어떤 정보를 받아들일 때 신피질의 '의심'과 구피질의 '두려움'은 자동적으로 작용을 합니다. 생명을 보호하기 위해서 형성된 여러 가지 고정관념이 발동하기 때문입니다.

살아가면서 반복된 경험을 통해 의심과 두려움이 고착화된 것을 '고정관념固定觀念'이라고 부르는데 고정관념은 경험을 통해서도 생기지만, 어렸을 때부터 부모나 학교에서 교육받은 내용에 의해 학습되기도 하며 타고난 유전자의 영향도 있습니다. 교육에 의해 학습되는 부분은 개인이 사회적인 고정관념을 습득하는 것입니다. 우리는 신피질과 구피질 속에 아주 많은 부정적 고정관념의 정보를 가지고 있습니다.

"남자는 울면 안 돼, 여자가 웃음이 헤프면 안 돼, 어른한테는 말대꾸하면 안 돼, 이렇게 하면 안 돼, 저렇게 하면 안 돼……."

이런 크고 작은 고정관념들은 다섯 살 미만에 거의 70%가 형성된다고 합니다. 아이가 태어나서 세상과 접하면서 '잘 살기 위해서는 이렇게 하면 안 되고, 이것은 되는구나.' 하는 것을 학습하며 하나둘 고정관념을 쌓아갑니다. 어렸을 때 엄한 부모 밑에서 자라나 행동의 규제를 많이 받은 아이들은 상대적으로 좀 더 강한 고정관념의 틀을 갖게 됩니다.

고정관념은 주변 환경에 대한 것도 있지만, 자기 자신에 대한 것도 있습니다. 우리에게 더욱 중요한 것은 어쩌면 자신에 대한 고정관념, 즉 '자아 이미지'일지도 모르겠습니다.

만일 여러분이 "나는 오늘부터 살을 10kg 빼야지!"라고 결심했다고 합시다. 그때 마음속으로 어떤 생각과 감정들이 떠오릅니까?

'그래, 넌 충분히 할 수 있을 거야. 넌 한 번 마음먹으면 꼭 지키는 사람이잖아!' 같은 긍정적인 이미지와 자신감이 차오릅니까? '에이, 정말 할 수 있겠어? 항상 그렇게 말만 해놓고 지키지도 못하잖아. 3일만 지나면 포기할 걸 뭐……' 같은 부정적인 이미지와 패배감이 떠오릅니까?

우리가 어떤 것을 이루려고 마음먹었을 때 이러한 부정적인 자아 이미지와 고정관념들은 뇌간으로 들어가는 길목에서 굳게 버티고 서서 우리의 발목을 붙잡고 있습니다. 의심과 두려움으로 대표되는 부정적 의식들이 계속해서 방해의 주파수를 내보내고 있는 것입니다. 의심과 두려움은 뇌간이 우리가 원하는 것을 듣지 못하도록 방해하는 잡음들입니다. 우리의 뇌 속에는 이처럼 수많은 잡음들이 뿌리 깊이 박혀 있습니다.

그럼, 어떻게 그런 장애물들을 넘어서 의심과 두려움이 없는 100%의 확신을 갖고 뇌간으로 들어갈 수 있을까요? 바로 우리의 뇌 속에 뿌리 깊이 박혀 있는 수많은 '의심'과 '두려움'들을 긍정적인 의식으로 승화시켜야만 합니다. 즉 '의식수준'을 높이는 것입니다. 이 의식수준을 높이는 것이야말로 성공과 부에 이르는 핵심이라고 할 수 있습니다. 의식은 우리의 '생명의 실체'이며, '인간의 행동의 밑바탕에서 감정과 생각을 결정짓는 숨은 인자'이기 때문입니다.

파워는 포스를 이긴다

'의식수준을 수치로 표시할 수 있는 방법은 없을까?' 이렇게 고민하던 중에 나는 미국에서 답을 찾게 되었습니다. 아리조나 세도나란 곳에 갔다가 우연히 데이비드 호킨스David Hawkins 박사의 『*Power vs Force*』(한국어판 『의식혁명』, 한문화, 2002)라는 논문을 접하게 된 것입니다.

저명한 정신 치료학자인 그는 노벨 화학상 수상자인 라이너스 폴링 박사와 함께 긍정적인 에너지는 근육을 강화시키고 부정적인 에너지는 근육의 힘을 현저히 약화시킨다는 신체운동학kinesiology의 원리를 이용하여 20여 년간 수백만 번의 임상 실험을 진행했습니다. 그 결과, 인간의 의식수준에서 나오는 에너지장의 빛을 1에서 1000럭스lux까지의 수치로 측정해내는 데 성공했습니다. 이는 현재까지 지구상에서 밝혀진 의식에 대한 가장 과학적이고 가장 구체적인 이론으로, 인간의 의식수준을 총 17단계로 나누고 있습니다.

LUX	의식수준	감정	행동
700~1000	깨달음	언어이전	순수의식
600	평화	하나	인류공헌
540	기쁨	감사	축복
500	사랑	존경	공존
400	이성	이해	통찰력
350	포용	책임감	용서
310	자발성	낙관	친절
250	중립	신뢰	유연함
200	용기	긍정	힘을 줌
175	자존심	경멸	과장
150	분노	미움	공격
125	욕망	갈망	집착
100	두려움	근심	회피
75	슬픔	후회	낙담
50	무기력	절망	포기
30	죄의식	비난	학대
20	수치심	굴욕	잔인함

〈표〉 인간의 의식수준 17단계

위의 표에서 보는 바와 같이 의식수준은 빛의 밝기 단위인 '럭스'로 표시되며, 각각의 수치는 상수가 아닌 대수(對數, logarithm)입니다. 따라서 의식수준 100은 50의 2배가 아니라 100의 10승에 해당하는 밝기를 지니므로, 1포인트 차가 엄청난 차이를 가지고 있습니다.

또한 각각의 의식수준은 의식수준을 대표하는 단어와 그 의식수준에서 지배적으로 나타나는 '감정' '행동' 등으로 구분되어 있습니다.

이 중 '용기'의 단계인 200럭스는 Power(파워)와 Force(포스)를 구분하는 결정적인 분기점이 됩니다. 파워는 '긍정적인 의식에서 형성되는 자발적인 내면의 에너지'이며, 포스는 '부정적인 의식에서 형성되는 억지의 에너지'를 뜻합니다. 그래서 용어 표현에서도 흔히들 긍정적 에너지인 사랑의 힘을 표현할 때는 'Power of Love'라고 하고, 강제적 힘인 군대의 힘을 표현할 때는 'Army Force(육군)' 'Air Force(공군)'라고 표현하곤 합니다.

강의를 진행하다보면 의식수준에 대해 이야기를 하면 놀라는 분들이 많습니다. 자신은 이제껏 '자존심'을 목숨처럼 알고 살아왔다는 것입니다. 우리 주위에는 이런 사람들이 많이 있고, 꽤 능력 있다고 알려진 사람들조차 '자존심'의 수준을 뛰어넘지 못하는 경우가 많이 있습니다. 물론 '자존심'은 '수치심'이나 '분노' 등의 의식들보다는 훨씬 높은 수준의 의식입니다. 실제로 어느 단계까지는 '자존심'의 수준에서 많은 것을 성취하기도 합니다.

하지만 뒤에 소개할 오링 테스트 등으로 근육반응 테스트를 해보면 이러한 부정적 의식수준은 결국 인간의 신체를 약화시키고, 세포를 경직시키는 요소가 되는 것을 알 수 있습니다. 실제로 포스의 의식수준은 신체의 리듬을 깨뜨리고 에너지를 방전시켜 두뇌의 활성화를 방해하게 됩니다.

따라서 이런 부정적 의식수준에 있는 사람은 세포가 지속적인 스트레스를 받게 되어 질병에 걸릴 확률이 높아지고, 두뇌도 일정 부분 외에는 사용을 하지 않게 되므로 '치매'에 걸릴 확률이 높아집니다. 더욱 나쁜 것은 자신뿐만 아니라 다른 사람에게도 부정적인 영향을 미친다는 것입니다.

반대로 파워의 의식수준은 신체의 리듬을 활성화시키고, 에너지를 강화시켜 두뇌의 더 많은 부분을 사용할 수 있게 해줍니다. 따라서 건강이 유지됨은 물론이고, 사고가 유연해져 아이디어와 창조력 등이 극대화되며 인간관계도 좋아지게 됩니다.

이처럼 '파워를 쓸 것이냐, 포스를 쓸 것이냐?' 하는 문제는 우리가 원하는 것의 성공과 실패를 결정짓는 가장 근본적인 요인입니다. 단지 시간의 차이가 있을 뿐, 파워는 항상 포스를 이기게 되어 있기 때문입니다.

예를 들어 영국이 인도를 식민 통치하던 시절, 영국은 자국의 이익과 자존심을 위해 타국을 착취한 나라로서 의식의 수치가 175럭스(자존심) 수준에서 측정됩니다. 반면 '비폭력·무저항'의 슬로건을 내걸었던 마하트마 간디의 행동 동기는 700럭스(깨달음) 이상의 수치를 보여주고 있습니다. 간디가 대영제국과의 투쟁에서 총 한 발 쏘지 않고도 결국 승리한 것은, 그가 가진 진실한 힘Power이 대영제국의 눈에 보이는 억지의 힘Force보다 훨씬 컸기 때문입니다.

이 의식수준은 개인에게 적용될 뿐만 아니라, 기업과 국가 또는 전 세계의 집단을 대상으로도 적용될 수 있습니다. 근간에 측정된 수치를 보면 세계 인류의 평균의식은 2002년도에 들어와 약 210럭스 정도로 측정되고 있습니다. 200럭스 이상의 긍정적 수준에서 측정되는 것은 무척 다행한 일이지만, 인류의 약 85%는 200럭스 이하의 수준에서 측정되었고 단지 15%만이 200럭스 이상의 수준에서 측정되었습니다. 이것은 세계 인류의 15%가 나머지 85%의 의식을 이끌고 가는 것으로 해석되며, 현재 인류가 안고 있는 환경ㆍ기아ㆍ전쟁 등의 문제가 해결되려면 85%의 인류 의식이 하루빨리 진화해야 한다는 결론에 이릅니다.

의식이 정보의 질과 양을 결정한다

높은 성장률을 보이던 유망한 기업이 하루아침에 부도가 나서 쓰러지거나, 좀처럼 회생 가능성이 보이지 않던 중소기업이 우연한 기회를 통해 갑자기 크게 성공하는 특이한 현상도 사실은 보이지 않는 세계에서 파워와 포스가 경쟁한 결과라고 할 수 있습니다.

실제로 우리나라 기업들을 대상으로 의식경영 컨설팅을 진행하면서 그 기업의 평균 의식수준을 측정해보면, 조직의 이념이나 비전, 문화가 훌륭하고 생산성도 높은 기업이 의식수준도 높게 측정되는 것을 볼 수 있습니다. 개인에게 의식수준이 있듯이 조직에도 평균 의식수준이 있으며, 어떠한 의식수준을 갖느냐에 따라 개인과 조직이 가질 수 있는 지혜의 양과 성공 여부가 결정되는 것입니다.

우리는 누구나 무한한 잠재능력을 가지고 있습니다. 그러나 그것을 제대로 쓰기 위해서는 무엇이 그 잠재능력을 가로막고 있는지를 똑바로 바라보아야 합니다. 당신 안에 있는 무한한 답, 즉 가능성과 잠재력을 꺼내어 쓰려면 신피질의 '의심'과 구피질의 '두려움'이라는 부정적 의식의 장애물을 치워서 뇌간으로 가는 고속도로를 확 뚫어놓아야 합니다.

우리가 TV를 볼 때, 스포츠·뉴스·연예·다큐멘터리 등 수십 개의 방송 채널 중에서 어떤 분야에 주로 관심이 있느냐에 따라, 어떤 채널을 선택하느냐에 따라 TV를 통해 얻을 수 있는 정보가 달라집니다.

그와 마찬가지로 유니버설 데이터베이스 안에는 우주 탄생 이래의 수많은 정보들이 링크link되어 있지만, 의식의 수준에 따라 가져다 쓸 수 있는 정보의 질과 양은 달라집니다. 그러므로 지금까지 어떤 정보들을 가져다가 당신의 세상을 만들어왔는지? 또 앞으로 어떤 정보들에 접속하여 당신의 세상을 창조할 것인지? 한번 생각해보아야 하지 않겠습니까?

우리 자신은 의식수준만큼 원하는 것을 이룰 수 있으며, 우리가 만나는 세상은 결국 우리 내면의 보이지 않는 의식수준에 따라 창조되는 것이기 때문입니다.

Having-Doing-Being!

실행전략 01

1. 오늘의 습관을 점검하라.
2. 불가능할수록 더욱 간절히 원하라.
3. 보이지 않는 마음의 힘을 읽어라.
4. 파워로 포스를 이겨라.

2. 간절함이 원하는 답을 내려준다

　　　　그럼 이제부터 앞에서 얘기한 간절함과
답에 대한 프로세스를 종합해서 설명 드리겠습니다. 우리가 일상생
활에서 흔히 쓰고 있는 인터넷을 생각하시면 이해가 빠를 수 있습니
다. 예를 들어 '네이버' 라는 정보검색 데이터베이스에서 내가 원하는
정보와 자료를 얻으려면 어떻게 합니까? 인터넷에 연결을 해서 내가
찾고자 하는 내용의 키워드를 입력하고 클릭하면 내가 얻고자 하는
관련정보와 자료가 화면에 나오게 되지요. 그 다음에 여러분은 제일
적합한 정보를 선택해서 실제 환경에서 활용하게 됩니다. 간절함이
답(DAP-Database Access Program)이 되는 원리도 이와 비슷합니다.
이 우주에는 태초 이래 생성된 모든 정보가 들어 있는 유니버설 데이
터베이스Database가 있고, 보이지 않는 에너지 파동으로 연결된 우주
정보네트워크인 유니넷Uninet이 있습니다. 그리고 우리 뇌 속에는 이

유니넷과 접속할 수 있는 프로그램이 있습니다. 인터넷에서 마우스를 클릭하듯이 우리의 뇌 속에 있는 프로그램을 가동시키는 클릭이 바로 '간절함'입니다. 클릭 수만큼 인터넷에서 우리가 원하는 것을 얻을 수 있는 것과 같이 간절한 만큼 답을 얻을 수 있습니다.

나는 "간절함이 답이다'라는 용어를 어떻게 표현할 수 있을까 고민했습니다. 간절함의 응답으로 원하는 것을 이루고 절체절명의 순간에서 목숨을 구할 수 있었던 그 실체를 누군가에게 전달을 해야 했기 때문입니다. 그래서 찾은 단어가 바로 '일체유심조,' '궁즉통,' '진인사대천명,' '정신일도하사불성'이라는 용어입니다. 옛날 우리 어머님들은 새벽녘에 정한수를 떠놓고 자식과 남편이 잘되기를 지극정성으로 두 손 모아 빌었습니다. 우리는 무엇인가를 간절히 원할 때 두 손을 모아 기도하거나 빕니다. 이것이 바로 '간절함이 답'이 되는 비밀입니다. 다시 말해 원하는 것과 하나가 되는 것입니다.

그러면 하나가 되면 어떠한 현상이 생길까요? 원하는 대상에 간절한 마음을 더하면 에너지가 발생합니다. 양손바닥 사이를 좁게 벌리고 그곳에 마음을 집중해보십시오. 1분도 채 되지 않아 그곳에 자석이 생기는 것을 체험할 것입니다. 이것은 몸과 마음이 하나 된 결과입니다. 마음이 간절하면 간절할수록 자석의 크기가 점점 커지는 것을 느낄 수 있습니다. 간절한 만큼 자석이 만들어지고 그 자석의 크기만큼 원하는 것이 이뤄집니다. 최선을 다했는데도 내가 원하는 것을 이루지 못했다는 분이 있다면 그것은 바로 이뤄질 만큼의 자석이 만들어지지 않았기 때문입니다. 이것이 바로 간절한 마음을 모아야 하는 이유입니다. '되면 좋고 안 되면 말고' 식의 적당한 마음으로는 자석을 만들 수 없습니다. 고객도 돈도 자신의 마음으로 끌어오는 것입니다. 그래서 세상에 공짜 없고 뿌린 대로 거둔다는 말이 있지요. 저는 이것을 무한대 거래법칙이라 말합니다.

다른 것들도 마찬가지입니다. 회사가 잘되려면 노사가 하나 돼야 하고, 가정이 화목하려면 부부가 하나 돼야 하겠지요. 그중에서도 가장 중요한 하나가 바로 우리의 몸과 마음이 하나 되는 것입니다. 마음도 겉마음과 속마음이 하나로 일치될 때 우리는 원하는 것을 이룰 수 있습니다. 생각에서 비롯되는 의식적인 것은 겉마음이고, 내 안의 내면에서 저절로 우러나오는 무의식적인 것들을 속마음이라 합니다. 예를 들어 한 달에 1억을 벌고 싶다는 마음을 소원해도 속마음으로는 "그게 가능하기나 한 말이냐?" 하고 의심하면 이루어지지 않습니다. 왜냐하면 진짜 마음인 속마음이 허락하지 않았기 때문입니다. 간절함은 속마음을 움직이는 에너지입니다.

이처럼 보이지 않는 세계에서 이뤄지는 라이언 왓슨의 '백한 마리째 원숭이 현상'이나 루퍼트 셸드레이크의 '공명현상' 등은 바로 우주정보시스템(Database)의 존재를 증명해주는 과학입니다. 나무가 흔들릴 정도의 바람에 무너져 내린 미국 타코마브리지의 공진현상이나 아인슈타인의 양자역학 등은 유니넷Uninet의 존재를 에너지 파동으로 설명해준 예라 할 수 있습니다. '간절함'이라는 에너지 파동이 어떻게 우리 뇌를 클릭하느냐는 것은 뇌 생리학이론인 뇌3층 구조와 데이비드 호킨스 박사의 의식수준 17단계 표를 들어 이해를 돕고자 했습니다.

답(DAP-Database Access Program)을 활용하여 우리가 원하는 것을 이루려면 결국 스스로의 의식수준을 높여야 합니다. 의식수준을 높인다는 말은 자신의 몸을 살아 있는 자석으로 만든다는 의미입니다. 답은 의심과 두려움을 넘어서 간절한 만큼 내려옵니다. 그렇다면 어떻게 하면 우리 자신의 의식수준을 높이고 원하는 것을 끌어오는 어트랙션 파워Attraction power를 강화시킬 수 있을까요? 그 구체적인 방법으로 다음과 같은 다섯 가지 실천법을 제시하고자 합니다.

● ● ● 우리가 원하는 것을 이루는 DAP 5

1. 진정으로 원하는 비전을 구체적으로 설정하라.
2. 심신의 감각을 살려라.
3. 긍정의 파워를 선택하라.
4. 100% 의지를 갖고 끝까지 행동하라.
5. 주어진 결과를 감사함으로 해석하라.

각각의 실천법들은 하나의 프로세스로 연결되어 있습니다. 바로 간절함입니다. 기도와 참선의 생명이 바로 간절함에 있듯이 하나하나의 시작은 간절한 마음으로부터 시작됩니다.

간절함을 통해 비전을 세우고 감각을 살려서 파워를 선택하고 의지를 갖고 끝까지 행동함으로써 원하는 결과를 얻게 됩니다. 그리고 무한대 거래법칙에 의거해 현재 내가 맞이한 결과는 뿌린 대로 거둔 열매임을 깨닫고 감사하는 마음으로 다시 처음으로 돌아가 새로운 비전을 설정하는 마음의 실천이 필요합니다. 이제 이 다섯 가지 간절한 힘을 간략히 소개하고 그에 대한 구체적인 실천법은 2부에서 자세히 설명을 드리도록 하겠습니다.

첫 번째 힘, 비전

원하는 것을 이루려면 가장 먼저 내가 무엇을 원하는지, 그것을 진정으로 원하는 것인지를 알아야 합니다. 즉, 내가 꿈이 있는지, 왜 내가 그 꿈을 이루고 싶은지, 꿈을 이루어서 무엇을 어떻게 하고 싶은 것인지를 정확히 자신에게 물어보아야 합니다.

교육이나 강의를 다녀보아도 참석한 사람들 중 꿈이 있다고 하는 사람은 20% 내외이고, 구체적인 목표를 정해놓은 사람은 5% 미만입니다. 게다가 현재의 생활이 그 목표를 이루기 위한 생활이라는 사람은 1% 미만, 즉 1백 명 중 한 사람 꼴인 것이지요.

얼마 전 직원 중 한 명이 칭찬에 대한 책을 열심히 읽고 있기에 그 책을 읽어서 뭘 할 거냐고 물었더니 "제가 워낙 무뚝뚝해서 인간관계를 잘 해보려고" 읽는다고 합니다. 그래서 인간관계를 잘 해서 뭘 하려느냐고 물었더니 머뭇거리면서 "그냥 인간관계는 나중을 위해서 잘해놔야 되는 거니까"라고 대답하는 것을 보았습니다.

공부를 열심히 하는 태도는 가상하지만, 그 정도의 동기로는 그저 지식만 쌓일 뿐 그 지식으로 자신을 변화시키지는 못합니다. 그래서 '그 책을 다 읽고 전 직원에게 강의를 하도록 하세요.' 라고 목표를 주었지요. 나중에 들어보니 강의를 위해서 이 사람 저 사람에게 칭찬하는 연습을 열심히 했고 나중에는 칭찬이 저절로 나오면서 무뚝뚝했던 자기가 많이 유연해지더라고 했습니다. 명확한 목표가 사람을 변화시킵니다. 경영자와 리더의 첫 번째 덕목 또한 구체적인 목표와 비전을 제시하고 그것을 나누어 갖는 일일 것입니다.

두 번째 힘, 감각

그렇게 진정으로 원하는 구체적인 비전을 설정하여 유니버설 데이터베이스에 쏘아 올리면 유니넷은 어떤 식으로든 우리가 쏘아 올린 비전에 대한 답을 보내줍니다. 그 답을 제대로 받기 위해서 필요한 것이 바로 '감각' 입니다.

감각은 세련된 기술을 낳는 원천이라 할 수 있습니다. 내가 하는 말이나 행동이 적절한가를 알아차리는 감각에서 인간관계 기술이 나오고, 색상이나 모양새가 잘 맞는지에 대한 감각이 옷맵시 기술을 낳듯이 말입니다.

같은 목표를 가지고 같은 조건에서 시작을 해도 감각이 뛰어난 사람은 일 처리가 세련되고 빠른 성과를 내지만, 감각이 둔한 사람은 무언가 모르게 답답한 느낌이 들고 성과가 없습니다. 감각을 기르기 위한 절대 조건으로 '이완' 과 '집중' 을 들 수 있습니다. 목표에 집중을 하되 이완이 되어야 한다는 것이지요.

아르키메데스가 부력의 원리를 발견한 곳은 따뜻한 목욕물 속이었고, 뉴튼이 만유인력의 법칙을 깨달은 곳도 한적하고 평화로운 공원 벤치에서였습니다. 바로 이완이 된 때였지요.

이것은 무척이나 중요한 원리입니다. 어떤 조직에서 성과가 잘 나지 않는 중요한 이유 중 하나는 너무 경직됐기 때문입니다. 모두들 예의 바르고 서로를 침범하지 않지만 왠지 모르게 긴장된 분위기에서는 사람들의 감각이 둔화되면서 생산성이 오르지 않게 됩니다.

조직이 경직되면서 감각이 둔화되는 시기는 경영학에서 이야기하는 PLC(Product Life Cycle) 곡선 중 '안정기' 에 주로 나타나게 됩니다. 이때는 새로운 활력으로 긴장감을 해소시켜야만 감각이 살아나고 재도약이 가능하게 되는 것입니다.

세 번째 힘, 파워

그렇게 내려온 답들 중에는 파워Power도 있을 것이고 포스Force도 있을 것입니다. 그 중에서 반드시 파워를 선택해야 합니다.

파워는 단순한 '힘'을 뜻하는 것이 아니라 '긍정적인 힘'을 말합니다. 이것은 포스에 상대적인 개념이기도 하지요. 파워나 포스는 같은 '힘'을 뜻하지만 포스는 부정적이며 강압적인 힘을 뜻하는 반면에 파워는 긍정적이며 자발적인 힘을 뜻합니다.

이것은 조직원들을 움직이는 원동력이 무엇인지를 말해주는 것입니다. 똑같이 열심히 일을 하더라도 '자발적'인 동기를 가지고 일하는 것과 쫓겨나지 않기 위해 '두려움' 속에서 일하는 것은 큰 차이가 있습니다.

요즘 주목 받고 있는 유한킴벌리의 경우 4교대 근무로 충분한 휴식 시간을 주며 직원 수를 늘렸는데도 불구하고, 불량률이 낮아지면서 클레임이 없어졌습니다. 인력 감축을 통해 효율성을 최대로 높이고자 하는 기업들이 오히려 실패하고, 유한킴벌리 같은 기업들이 성공하는 데에는 바로 그 곳에서 일하는 직원들의 에너지원이 파워인가 포스인가 하는 이유가 자리 잡고 있는 것입니다.

네 번째 힘, 의지

자신이 선택한 파워의 방법을 믿고 "하면 된다"는 100%의 의지를 가지고 끝까지 행동하라는 것입니다. 아무리 답을 받고 좋은 방법을 선택했다 할지라도 그것을 실천하는 것은 나 자신의 몫입니다.

물은 100℃가 되어야만 비로소 끓기 시작합니다. 99℃까지는 전혀 끓는 기미가 안 보이다가 100℃가 되면 영락없이 끓기 시작합니다. 이것을 임계점이라고 합니다. 어떤 일이든 일이 성사되기 위해서는 이러한 임계점이 존재합니다.

의지라는 것은 이 임계점에 도달할 때까지 자신의 에너지를 중단하지 않고 쏟을 수 있는 힘을 말합니다. 조직력이라는 것은 바로 여기에서 빛을 발휘합니다. 힘든 일이 생겼을 때 혼자라면 이겨나가지 못했을 일을 모두가 같이 겪는 어려움이라면 헤쳐 나아갈 수 있는 것입니다. IMF를 비롯해 근래의 어려운 경제 환경 속에서 다시 일어선 기업들을 보면 바로 '의지'의 산 증인들이라 할 수 있지요. 경영자에 대한 신뢰는 직원들이 의지를 낼 수 있는 원동력이 됩니다. 평상시 솔선수범하고 도덕적 품성을 지닌 경영자들은 어려울 때 직원들의 의지를 불러일으킬 수 있습니다.

다섯 번째 힘, 감사

그렇게 스스로 선택하고 행동한 결과에 대해 늘 감사하는 마음으로 해석하라는 것입니다. 만약에 "3년 안에 10억을 벌겠다!"고 비전을 세웠으나, 실제로 3년이 지나 더욱 많이 벌었을 수도 있고 오히려 손해를 봤을 수도 있습니다. 그러나 그 모든 것은 결국 내가 스스로 선택하고 행동한 것에 대한 결과일 뿐입니다. 주어진 결과가 어떤 것이든 간에 그것이 누구 탓도 아닌 자신이 스스로 선택한 것임을 알고 감사할 줄 아는 사람은 더욱 큰 비전을 향하여 나아갈 수 있습니다.

성철 스님의 '산은 산이요, 물은 물이로다' 라는 말은 너무나 이치에 와 닿는 말입니다. 마지막으로 깨달아야 할 것은 모든 것은 순리대로 흘러간다는 것입니다. 산이 좋다고 하던 물이 맑다고 하던 그것은 인간의 해석이고, 모든 것은 그저 인과법칙에 따라 결과를 나타내는 것입니다. 뿌린 대로 거두는 것이야말로 자연의 절대 법칙입니다.

지금 처해 있는 나의 상황, 내가 가진 모든 것, 심지어 내 말투, 인상 하나도 그냥 된 것은 없습니다. 모두 내가 뿌린 씨앗에서 낳은 열매입니다. 현재에 감사할 줄 모르면 또 다시 불평의 씨앗을 뿌리게 되고 언젠가 그에 합당한 열매가 열리게 됩니다. 하지만 현재에 감사하고 자신을 변화시키면 감사의 씨앗을 뿌리게 되고 언젠가 그에 합당한 열매를 맺게 됩니다.

'감사' 는 자신을 변화시키는 궁극적인 마지막 힘입니다. 왜냐하면 '불평' 이란 내가 아니라 환경이 변하기를 바라는 데서 출발하기 때문이지요. 자신에게 엄격하며 타인에게 감사하는 경영자의 태도는 조직을 변화시킵니다. 비전을 나누어 갖고 감각을 살려 줄 수 있으며, 파워를 퍼뜨리고, 의지를 불러일으키는 마지막 힘이 바로 '감사' 입니다.

'간절함' 으로 '비전' 의 씨앗을 뿌려 '감각' 을 살려 농사를 짓고, '파워' 의 영양분을 공급하며 '의지' 로써 이루어 나간다면 우리가 원하는 부와 성공은 반드시 그 열매를 맺게 될 것입니다.

Having-Doing-Being!

실행전략 02

1. 목표를 구체적으로 설정하라.
2. 이완과 집중으로 정신과 몸의 감각을 키워라.
3. 긍정적이며 자발적인 파워의 힘을 신뢰하라.
4. 간절함의 원동력인 의지의 에너지를 채워라.
5. 현재의 삶에 감사하고 자신의 삶을 변화시켜라.

2부
부와 성공을 끌어올리는 5가지 힘의 과학

위대한 일을 성취하려면 행동뿐만 아니라 꿈을 꾸어야 하며,
계획을 세우는 것뿐만 아니라 그것을 믿어야 한다.
- 아나톨

step 1 진정으로 원하는 비전을 구체적으로 설정하라

　　　　　　나치 독일의 죽음의 수용소에서 살아남은 오스트리아의 심리학자 빅터 프랭클Viktor E. Frankl은 수감 시절에 중요한 발견을 했다고 합니다. 그는 자신의 내면에 그 치욕스런 환경을 초월할 수 있는 능력이 있음을 깨달았습니다. 극심한 고통 속에 처하게 되자 스스로 그 참혹한 경험의 희생자이면서 동시에 그것의 관찰자가 될 수 있었던 것입니다.

　그는 또 시련을 함께 겪는 다른 사람들도 관찰했습니다. 날마다 많은 사람들이 죽어가는데도 일부는 끝내 살아남는 것을 보면서, 그는 그들의 생존을 가능하게 해주는 것이 무엇인지 궁금하게 여겼습니다. 프랭클은 건강·활기·가족구성·지능·생존기술 같은 몇 가지 요인을 꼽아보았지만 그 어느 것도 1차적인 요인은 아니라고 결론을 내렸습니다. 마침내 그는 미래 비전에 대한 의식이야말로 생존을 가능하게 한 첫 번째 요인이라는 사실을 깨닫게 되었습니다. 살아남게 된 사람들은 자신에게는 살아서 이뤄야만 할 중요한 사명이 있다는 강력한 확신을 가지고 있었던 것입니다.

흔히들 인생을 여행에 비유합니다. 어떤 여행이든, 여행이 성공적으로 이루어지려면 일단 내가 어디로 가서 무엇을 얻고자 하는지 여행의 목적지가 분명해야 할 것입니다. 목적지도 없이, 그저 정처 없이 길을 떠나는 것은 여행이 아니라 방황이 아닐까요? 목적지 없이 여행을 떠나다 보면 어딘지도 모를 낯선 땅에서 "내가 지금 어디로 가고 있는 거지?" "여기서 뭘 하고 있는 거지?" 하며 후회하게 될지도 모릅니다.

인생도 그렇습니다. 왜 사는지, 어디로 가는 건지, 목적도 비전도 없이 그저 다른 사람들이 가는 대로 이리저리 휩쓸려 다니다가 인생을 마칠 때쯤, "내가 왜 사는 거지?"라고 후회하게 될 수도 있습니다. 직장도 마찬가지입니다. 내가 왜 이 직장을 선택했는지, 직장에 다니는 목적이 무엇인지, 앞으로 이 직장에서 어떤 비전을 실현할 것인지 뚜렷한 확신이 없다면 조금만 힘든 일이 있어도 쉽게 포기할 수 있습니다.

그러나 가슴속에 목숨과도 바꿀 수 있을 만한 그런 꿈과 비전을 품고 있다면, 그 사람은 그 비전을 이루기 위해서 어떤 역경과 한계도 넘어설 수가 있습니다.

비전은 스스로 설정한 한계를 뛰어넘을 수 있는 힘입니다. 우리 자신의 한계선상에 있는 비전을 달성하기 위해서는 최선을 다해야 하며 우리가 발휘할 수 있는 최고의 능력과 최선의 지혜를 짜내야만 하기 때문입니다. 이처럼 비전은 우리 스스로가 한계라고 생각했던 정신적 장벽을 무너뜨리게 하고 의식의 비약적 도약을 가능하게 합니다. 인간은 비전을 통해 성장하는 것입니다.

성장을 방해하는 부정적 습관과 기억

우리는 누구나 더 나은 내일과 하루하루 새로워지는 성장을 원합니다. 그리고 더 나은 내일과 성장을 위해서는 보이지 않는 세계에서 이를 창조하는 의식수준의 성장이 필요합니다. 하지만 통계에 의하면 한 개인이 일생을 통해 이루어낼 수 있는 의식수준의 성장 수치는 평균적으로 5포인트 내외라고 합니다. 그만큼 우리의 뇌 속에 깊이 자리 잡은 '의심'과 '두려움' '부정적 습관과 기억들'이 우리의 성장을 방해하고 있는 것입니다.

이 방해물들을 극복하는 답이 바로 비전에 있습니다. 원자핵을 돌고 있는 전자가 높은 에너지를 받아서 상위 레벨로 이동하듯이, 의식의 사이클도 비전이라는 높은 에너지를 받아 더 높은 레벨의 의식으로 이동하게 됩니다.

따라서 비전을 정할 때는 스스로에게 정직하고 용기가 있어야 합니다. 가슴속에서 진정으로 원하는 것을 그대로 인정하고, 자신의 한계를 정확히 보고, 그 능력의 한계선상에 있는 것을 비전으로 삼아야 합니다. 조금 귀찮고 두렵다고 해서 그다지 애쓰지 않아도 쉽게 이룰 수 있는 목표를 비전으로 삼는다면 겉으로는 분주하고 바빠 보일지 몰라도 결국에는 의식이 성장하기는커녕 제자리걸음만 하게 됩니다.

우리의 뇌간은 생명을 유지시키기 위해서라면 어떤 일도 할 수 있습니다. 사자 우리에 들어간 아이를 꺼내기 위해 연약한 여인이 쇠창살을 휘듯이, 목숨을 걸어도 좋을 만큼 값진 것을 비전으로 삼았을 때 뇌간은 의심과 두려움 없이 문을 열어주게 되는 것입니다. 그렇게 비전을 설정하고 이루어내는 과정을 통해 뇌의 능력 역시 발달하게 됩니다. 비전이야말로 의식수준을 성장시키고 당신의 가능성을 키워주는 첫 번째 열쇠인 것입니다.

내가 원하는 것을 명확히 하라

모 외국계 회사에서 영업을 담당하고 있는 지점장님들과 함께했던 프로그램에서 있었던 일입니다. 프로그램 중에 정말로 내가 원하는 것이 무엇인지 스스로 물어보는 시간이었습니다.

"정말로 여러분이 원하는 것이 무엇입니까? 간절히 물어보시기 바랍니다!"

자신과 대화하는 명상시간이었으므로 모두들 깊은 내부의식으로 들어간 상태였습니다. 그런데 40대 후반으로 보이는 한 분이 갑자기, "돈~! 돈~!" 하고 소리를 쳤습니다. 그러더니 이내 "사랑~!" 하고 외쳤습니다. 모두들 의아한 눈빛으로 바라보고 있는데, 그분은 계속 소리를 치기 시작했고, "돈~! 돈~! 아니 사랑~! 사랑~!" 하며 혼란스러운 듯 스스로 원하는 것을 반복하고 있었습니다. 그러다 결국에는 큰 소리로 "사랑~! 사랑~!" 하고 절규하듯 외치며 눈물을 흘렸습니다. 그분이 진정으로 원하는 것은 무엇이었을까요?

　어찌 됐든 내면의 무한 가능성을 잘 활용 하려면 내가 진정으로 원하는 것을 비전으로 설정해야 합니다. 의심과 두려움의 두터운 관문을 통과해서 내가 원하는 것을 뇌간에 전달하려면, 정말로 가슴속 깊은 곳으로부터 그것이 이루어지기를 간절히 원해야 하기 때문입니다.

　그러나 우리는 한평생을 살면서 자신이 진정으로 원하는 것이 무엇인지조차 모르고 생을 마감하는 경우가 있습니다. 프로그램을 시작하기 전에 먼저 "일생을 통해 이루고 싶은 비전이 있다면 무엇입니까?"라는 간단한 설문조사를 합니다. 그런데 질문에 제대로 답하지 못하는 분들이 종종 있습니다. 당신이 진정으로 원하는 것은 과연 무엇입니까?

　만약 원하는 것이 잘 떠오르지 않거나 그것이 진정으로 원하는 것인지 확신이 안 선다면, 지금 빈 종이와 펜을 한번 꺼내보십시오.

- 자고 싶다.
- 시원한 냉면을 먹고 싶다.
- 시원한 물에 들어가 수영하고 싶다.
- 쉬고 싶다.
- 누군가가 보고 싶다.
- 만나서 얘기하고 싶다.
- 이번 달에는 꼭 실적 달성을 하고 싶다.
- 영어를 아주 잘 하고 싶다.
- 부장으로 승진하고 싶다.
- 돈을 왕창 벌고 싶다.
- 큰 차를 사고 싶다.
- 45평짜리 아파트로 이사 가고 싶다.
- 아이들에게 용돈을 많이 주고 싶다.
- 아내에게 반지를 사주고 싶다.
- 행복한 가정을 만들고 싶다.
- 식구들 모두 건강했으면 좋겠다.

그리고는 그냥 생각나는 대로 '내가 원하는 것 50가지' 리스트를 써 내려가 보는 겁니다. 굳이 비전이라고 할 만한 거창한 것이 아니어도 좋습니다. 생각이 나는 대로 거르지 말고 빠르게 써나가면 됩니다.

50가지를 다 쓰는 것도 쉬운 일은 아닐 것입니다. 처음에는 머뭇

머뭇하며 잘 생각이 나지 않을 수도 있습니다. 그러나 생각이 나는 대로 쭉 써내려가다 보면 차츰 가슴속에 있는 이야기들이 실타래를 풀듯 술술 풀려나올 것입니다. 스스로의 비전을 찾는 구체적인 방법 중 하나입니다.

다 쓰고 난 다음에는 자신이 쓴 것을 소리 내어 또박또박 읽어보십시오. 그리고 그 느낌을 한번 가만히 느껴보십시오. 어떤 느낌이 드십니까? 50가지 중에서 가슴속에서 가장 울림이 있는 것, 진짜 하고 싶은 일을 세 가지만 골라서 동그라미를 쳐보십시오. 그것은 진짜로 내가 원하는 것일 수도 있고 아직 아닐 수도 있습니다.

Why? 리스트

이제 내가 왜 그것을 원하는지 다시 한 번 스스로에게 물어보십시오. 실타래가 다 풀릴 때까지 계속해서 자신에게 물어보는 겁니다.

'왜? 왜? 왜 내가 이것을 원하지? 왜?'

그리고는 다시 내가 진정으로 원하는 것에 대한 'Why 리스트'를 만들어보는 겁니다. 여기에는 옳고 그름이 없습니다. 그냥 내가 왜 그것을 원하는지 가슴속에서 더 이상 대답이 떠오르지 않을 때까지 계속해서 써내려가 보는 겁니다.

그렇게 원하는 것을 써내려가다 보면 처음에는 오히려 구체적이던 것들이 나중에는 추상적인 문장들로 바뀌어나갈지도 모릅니다.

혹은 더 이상 원하는 것이 떠오르지 않고 무엇인가 똑같은 문장이 계속해서 입가를 맴돌지도 모릅니다. 그리고는 자기도 모르게 가슴이 뭉클해지며, 오랫동안 보지 못했던 그리운 친구를 만난 것처럼 울컥 눈물이 흘러나올 수도 있습니다.

이 리스트를 써내려가다 보면 평소에 내가 추구하던 것과 내가 진정으로 원했던 것은 전혀 다른 것이었구나 하는 사실을 발견하고 놀라는 분들이 많습니다. 그만큼 우리가 다른 사람들과는 많은 얘기를 나누지만, 정작 자기 자신과 진지하게 대화하는 시간은 많지 않다는 얘기겠지요.

살아가다 보면 다음과 같은 경우가 종종 있습니다. 처음에는 A를 이루기 위해 B를 선택했는데, 그 다음에는 B를 이루기 위해 C를 선

●●● 내가 진정으로 하고 싶은 것 Why? 리스트

나는 부장으로 승진하고 싶다.

· 왜? 돈을 많이 벌고 싶으니까.
· 왜? 큰 승용차도 사고 싶고 더 큰 집으로 이사 가고 싶으니까.
· 왜? 그래야 남에게 기죽지 않고 편하게 살 수 있으니까.
· 왜? 내가 가장이니까. 내가 잘해줘야 우리 식구들이 행복하니까.
· 왜? 그래야 내가 행복하니까. 우리 식구들이 행복해야 내가 행복하니까.
· 왜? 나는 행복해지고 싶으니까. 그게 내 삶이니까.

택하게 되고 또 D를 선택하게 되고……. 시간이 가면 갈수록 처음에 원했던 사항은 잊어버리고 그것을 이루기 위해 선택했던 방법이, 수단이 진짜로 내가 원했던 것처럼 되어버리는 경우 말입니다.

여러분의 경우는 어떻습니까? 지금 이 순간에 원하는 무엇인가가 진정으로 가슴속에서 원하던 것, 그 자체입니까? 혹시 어느새 나도 모르게 선택한 수단은 아닙니까? 우리가 원하는 것이 진짜인지 가짜인지를 알려면 먼저 "나는 누구인가?"라는 질문에 답을 해야 합니다.

성취감은 나를 리더로 만든다

우리는 진짜 나를 가리켜 흔히 '진아眞我', 또는 '자아自我'라고 부릅니다. 또 상대적으로 거짓 나를 가리켜 '가아假我' 혹은 '관념觀念'이라고 합니다. 즉 참 나인 자아의 의식에서 나온 에너지가 바로 파워Power이고 가짜 나인 관념에서 나온 에너지가 바로 포스Force인 것입니다. 의식수준이 높다는 말은 '자아'의 상태에 있다는 이야기이고 의식수준이 낮다는 말은 '관념', 즉 '자기라는 착각, 허상'에 빠져 있다는 것입니다.

우리가 원하는 것도 크게 두 가지로 나눌 수 있습니다. 진짜 나인 '자아'가 원하는 것이 있고, 거짓 나인 우리의 '관념'이 원하는 것이 있습니다. '진정으로 원하는 비전'이란 바로 '자아'에서 원하는 비전을 말합니다. 진짜 나인 '자아' 가 원하는 순수한 의식상태의 비전을 가질 때, 그 비전을 중심으로 순수한 생명 에너지 자체인 뇌 간의 파동과 유니넷의 파동이 일치되어 답을 받을 수 있게 되는 것입니다.

실제로 수많은 성공한 사람들은 돈이나 명예를 위해서라기보다는 자신이 정말로 원하는 일을 하다 보니 돈과 명예까지 얻은 경우가 많습니다. 왜? 다른 사람이 시켜서가 아니라 자신이 진정으로 원하는 일을 할 때 우리는 능력을 100% 다 발휘할 수 있기 때문입니다.

개인뿐만 아니라 회사 경영도 그렇습니다. 기업 교육을 하면서, 작은 중소기업에서 국내 굴지의 대기업까지 많은 경영자들의 고민을 접할 기회가 있었습니다. 물론 각 기업이 처한 상황과 업종에 따라 다양한 고민들이 있었지만, 큰 기업이든 작은 기업이든 기업의 오너와 최고경영자들이 공통적으로 고민하는 점이 하나 있었습니다.

"모든 직원들이 나처럼만 일해주면 못 할 일이 없을 텐데……."

"모두가 회사의 주인처럼 일해준다면 얼마나 좋을까?"

기업에서 내놓는 크고 작은 경영전략들은 결국 경영자들의 이 같은 고민을 어떻게 해결할 것인가에 초점이 맞추어져 있는 것이 아닐까요? 모든 사람들이 기업의 오너나 최고경영자와 같은 마음으로 일한다면 안 될 일이 무엇이 있겠습니까?

어떻게 하면 기업의 인적 에너지를 최대한 활용하고 하나의 공통된 목표를 향해 집중시킬까 하는 것은 어찌 보면 경영자들의 가장 핵심적인, 그리고 가장 오래 된 고민 중 하나일지도 모릅니다. 이 문제를 해결하기 위해 수많은 기업에서 많은 방법들이 시도되었고, 그 중 어떤 것은 체계화된 경영이론으로 자리 잡기도 했습니다.

하지만 대부분의 성공한 경영자들이 고백하듯 이 문제를 해결할 수 있는 최초의 출발점은 "직원들은 기업에서 돈 이상의 무언가를 원한다."는 사실을 깨닫는 것입니다.

사실 이것은 너무나 당연한 이야기일지도 모릅니다. 사람들은 누구나 자신이 의미 있는 어떤 존재이기를, 또 자신이 하는 일이 사회적으로 기여할 수 있는 가치 있는 일이기를 원합니다. 겉으로는 월급이나 승진 등 물질적인 보상이 중요할 수도 있지만, 내면에는 그것만으로는 채울 수 없는 차원 높은 목마름이 존재하는 것입니다. 그것이 바로 앞에서 이야기한 진짜 나의 실현, 즉 '자아완성의 욕구'입니다.

이러한 내면의 욕구를 무시한 채 단순히 눈에 보이는 물질적인 보상만을 충족시켜 주는 식으로 동기부여를 한다면 그 생명력은 오래 갈 수 없습니다. 실제로 세계적으로 존경 받는 성공한 기업들은 단순히 이윤추구 이상의 비전을 가진 기업들이 많습니다.

1945년 전후의 일본, 폭격으로 부서진 백화점의 전화 교환원 사무실에서 7명의 종업원과 단돈 1,600달러의 자본금으로 사업을 시작한 소니SONY의 이부카 마사루는 바로 이 부분을 직시하고 있었습니다. 폐허 속에서 그가 제일 먼저 한 일은 사업구상이나 제품개

발이 아니었습니다. 그가 최초로 했던 일은 회사의 존재목적과 경영이념을 명문화하는 설립취지를 작성하는 일이었습니다. 그는 취지문에서 회사의 목적을 다음과 같이 이야기하고 있습니다.

- ⊙ 기술자들이 기술적 혁신의 기쁨을 찾을 수 있고, 사회에 대한 소명을 의식하며 마음껏 일할 수 있는 직장을 만드는 것.
- ⊙ 일본의 재건과 문화 고양을 위해 생산과 기술에 있어 역동적인 행동을 추구하는 것.
- ⊙ 진보된 기술을 일반인들의 생활에 적용하는 것.

1976년 발간된 『소니의 비전』이라는 책을 쓴 닉 라이온스Nick Lyons는 이 취지문의 이념과 비전들이 30년간 소니가 엄청난 속도로 성장하게 한 힘이었다고 주장하고 있습니다. 물론 그 후 20여 년이 더 지난 오늘날까지도 이 이념들은 소니를 이끌어가는 보이지 않는 구심점이 되고 있습니다. 이부카 마사루는 당시 이 취지문을 만들게 된 동기를 다음과 같이 설명하고 있습니다.

"종업원들이 확고한 단합의 정신으로 뭉치고 진심으로 기술을 발휘할 수 있는 직장을 만든다면, 그 조직은 무한한 만족과 이익을 실현할 수 있다. 그러한 마음들이 함께 모여서 자연스럽게 이러한 기업이념을 만들게 되었다."

기업은 직원들이 의식주를 해결하는 곳일 뿐만 아니라, 일을 통해 자신을 완성시켜 나가는 의식성장의 장이어야 합니다. 또한 최고경영자는 조직을 관리하는 관리자이면서 동시에 의식의 성장을 이끌어나가는 정신적 지도자이어야 합니다. 많은 경영의 선구자들은 물질적으로뿐만 아니라 기업을 이끄는 정신적 지도자로서 충실히 역할을 수행한 사람들입니다. 그들의 처음이자 마지막 임무는 누구도 예외 없이 높은 수준의 비전을 제시하고, 그 비전에 스스로 헌신하는 것이었습니다. 『어린 왕자』를 쓴 프랑스의 작가 생텍쥐페리는 그에 대해 다음과 같이 말하고 있습니다.

"만일 당신이 배를 만들고 싶으면, 사람들을 불러모아 목재를 가져오게 하고, 일을 지시하고, 일감을 나눠주는 식으로 하지는 마십시오. 대신 그들에게 저 넓고 끝없는 바다에 대한 동경심을 키워주십시오."

변화를 즐기고 창조하라

요즘 여기저기서 '변화' 해야 한다는 얘기를 많이 합니다. 그리고 어떻게 변화해야 하는지에 대한 많은 토론과 대안들이 제시되고 있습니다. 그러나 그에 앞서 우리는 먼저 생각해보아야 할 것입니다. 변화를 통해 우리가 진정으로 얻고자 하는 것은 무엇입니까? 왜 변해야 합니까? 그저 살아남기 위해서? 아닙니다. 환경은 어차피 계속 변합니다. 왜 변화해야 하는지 이유를 모르면, 진정으로 원하는 목적이 정확하지 않으면, 그저 남들이 하는 대로 쫓아만 가는 방황일 수밖에 없습니다.

누구나 그렇듯이 우리의 뇌 역시 더욱 가치 있는 일에 자신의 능력을 쓰고 싶어합니다. 살아남기 위한, 생존을 위한 변화가 아니라 성장을 위한 변화, 더 나아가 완성을 위한 변화가 되었을 때 우리의 뇌는 기쁘게 움직일 것입니다. '관념의 나'가 아닌 '참 나'가 진정으로 원하는 비전을 설정할 때 유니넷의 에너지가 분출되고, 그 파워의 에너지가 강력한 자석이 되어 우리가 원하는 답을 끌어다 줄수 있습니다.

돋보기의 원리

어렸을 때 돋보기로 햇볕을 모아 먹지 태우는 놀이를 해본 적이 있을 겁니다. 어떤 아이는 요령 있게 집중하여 금세 지글지글 연기를 내며 태우지만, 처음부터 빨리 태우겠다는 욕심으로 이리저리 돋보기를 움직이면 아무리 많은 시간을 투자해도 태울 수가 없습니다. 나는 이것을 '돋보기 원리'라고 합니다.

비전을 설정하는 것도 마찬가지입니다. 우리가 원하는 것이 먹지를 태우는 것이고, 돋보기가 우리 자신이며, 태양이 유니버설 데이터베이스와 연결된 무한 생명 에너지라고 가정해봅시다. 우리가 진정으로 원하는 비전을 이루기 위해서는 먹지 위에 정확한 목표점을 구체적으로 설정했을 때만이 자신과 조직의 에너지(태양열)를 한 곳에 집중할 수 있습니다. 그랬을 때만이 원하는 비전을 이룰 수 있게 되는 것입니다.

이는 라디오 주파수를 맞추는 것과도 같습니다. 라디오 채널을 돌릴 때 주파수가 정확히 맞지 않으면 여러 가지 잡음이 섞이게 됩니다. 무슨 말인지 한 가지도 정확히 못 듣게 됩니다. 우리가 원하는 비전도 마찬가지입니다. 채널이 정확히 맞지 않고 왔다 갔다 한다면 우리의 뇌간이 그 비전을 정확히 들을 수 없습니다.

원하는 생각이 일어나는 바로 그때 그 생각과 갈등을 일으킬 만한, 그래서 그 힘을 없애버릴 다른 어떤 생각도 일어나지 않는다면, 우리의 마음은 비로소 그 엄청난 위력을 하나의 소망을 향해 투사하게 됩니다. 그러면 그 생각이 외부로 그려져 나오게 되는 것입니다.

"돈을 많이 벌고 싶다."는 비전을 가지고 있다고 합시다. 막연히 돈을 '많이' 벌고 싶다는 말은 구체적이지 못합니다. 비전을 설정할 때는 가능한 한 구체적으로 설정해야 합니다. "언제까지 얼마만큼 돈을 벌겠다. 그리고 그 돈을 가지고 무엇을 하겠다."는 것을 상상해보는 겁니다. 그래야 뇌간이 100% 움직일 수 있는 설득력이 생깁니다. 의심과 두려움이 없어야 합니다. 돈을 벌어서 사기를 치려는 건지, 나쁜 짓을 하려는 건지, 자신에게 해로운 짓을 하려는 것은 아닌지……. 목적이 불투명하면 우리 뇌는 의심하고 두려워하게 되어 있습니다. 돈을 벌려는 목적과 용도, 시기, 양 등이 최대한 구체적으로 설정되어야 합니다.

원하는 것이 마음속에서 떠오르면 그 비전이 이루어졌을 때 기쁨으로 가득 차 있는 나의 모습과 주변 사람들의 모습, 그때의 나의 상황을 구체적으로 떠올리고 느껴보십시오. 충분히 그것이 느껴지면 이제 종이를 꺼내어 '나의 비전'이라고 제목을 적은 후 진정으로 원하는 비전을 써내려가십시오. 우선 일생 동안 이루고 싶은 평생 비전을 적어보고, 그 비전을 이루기 위해 단기적으로 어떻게 할 것인지 1년 비전, 일주일 비전도 적어보십시오. 이것은 비전을 구체화하는 방법입니다.

비전은 나의 모든 관심과 에너지를 집중시킬 수 있을 만큼 충분히 가치 있고 매력적인 것이어야 하며, 다른 사람들도 아낌없이 지원해줄 수 있을 정도로 유용하고 구체적인 것이어야 합니다. 또한 조금 어렵지만 현재 자신의 한계선상 너머에 있는 그 어떤 것을 선택할 때 그 비전의 달성을 통해 내가 한 단계 더 성장할 수 있게 되는 것입니다.

비타민 V를 섭취하라

어릴 적 이런 경험을 해보신 적이 있을 겁니다. 평소에는 어머니가 일어나라고 몇 번을 깨워야 겨우 일어나던 잠꾸러기가 소풍 가는 날 아침이면 깨우지 않아도 저절로 번쩍 눈이 떠지던 일. 그땐 왜 그랬는지……. 인생이 그렇게 매일 소풍 가는 날 같다면 참 살맛나는 세상이 되지 않을까요?

당신은 매일 아침 일어날 때 기꺼이 즐겁게 눈을 뜹니까? 아니면 어쩔 수 없이 억지로 눈을 뜨십니까? 확실한 비전이 있는 사람은 아침에 기꺼이 눈을 뜰 수 있습니다. 오늘 하루도 자리를 박차고 일어나 나의 뇌와 온몸이 활동해야 할 이유가 있기 때문입니다. 비전은 내가 살아가는 이유입니다. 따라서 비전이 있는 사람과 그렇지 못한 사람은 모든 면에서 천지 차이가 납니다.

어느 날, 퇴직한 후로 머리도 아프고 입맛도 없고 눈도 침침하고 허리도 아프고……. 온몸이 안 아픈 데가 없는 환자가 병원에 찾아왔습니다. 의사는 그 환자에게 '비타민 V'가 모자란 것 같다며 비타민 병을 건넵니다. 환자는 눈이 동그래져서 "비타민 B나 C는 많이 들었지만 V는 처음인데요?"라고 되묻습니다. 그러자 의사는 "여기서 V는 'Vision(비전)'의 약자 V를 말합니다. 선생은 다름 아닌 희망을 잃어버린 것 같습니다."라고 대답합니다. 지금 이 글을 읽고 계신 당신은 비타민 V가 충분하십니까?

비전은 스스로가 설정한 삶의 존재 이유이자 가치라고 할 수 있습니다. 따라서 비전이 없는 사람은 살아가야 할 진정한 이유를 모르고 살고 있으므로 시간이 갈수록 허무하고 삭막해질 것입니다.

회사 경영도 마찬가지입니다. 회사가 추구하는 비전은 그 회사에 몸담고 있는 회사의 구성원들에게 '비타민 V'의 역할을 합니다. 회사에 다녀야 할 이유를 제공해주는 것입니다. 내가 여기서 일할 수 있는 꿈과 희망을 주는 것입니다. 그 회사가 추구하는 비전이 어떤 것이냐에 따라 다음날 소풍 가는 아이처럼 기꺼이 출근하여 즐겁게 자발적으로 일할 수도 있고, 죽지 못해 사는 사람들처럼 억지로 나와 일을 할 수도 있습니다.

전체 구성원들의 능력을 100% 다 발휘하게 하려면 우선, 모든 사람들이 공감할 수 있도록 비전이 설득력이 있어야 합니다. 에너지를 다 쓰지 않아도 될 만큼 비전이 너무 작거나 전체에게 해가 될 수도 있는 부정적인 것이라면 꿈과 희망을 줄 수가 없습니다.

그런데 문제는 이 비타민을 한 번 먹는다고 모든 문제가 해결되지는 않는다는 것입니다. 비타민은 우리가 살아가는 동안 끊임없이 섭취해야 할 영양소입니다. 비전도 그렇습니다. 아무리 거창한 비전을 세워놓았다고 해도, 처음 단 한 번으로 계속해서 꿈과 희망을 줄 수 있다고 생각하면 큰 착각입니다. 건강한 몸을 유지하기 위해서 매일 규칙적으로 식사를 해야 하듯이, 비전 역시 그 비전이 달성될 때까지 계속해서 우리 뇌에 입력을 시켜야 합니다.

나는 그러한 상태를 '비전홀릭Visionholic' 이라고 표현합니다. '알콜홀릭Alchoholic' 이라고 하면 술에 중독되었다는 뜻이지요. 알코올 중독이 되면 어떻게 될까요? 한번 중독이 되면 알코올 없이는 살 수가 없게 됩니다. 알코올 중독자는 주변에서 아무리 말려도 갖은 방법을 동원해 계속 술을 마시려 듭니다. 아마 그 사람은 눈만 뜨면 저절로 술 생각이 날 것입니다.

그러나 알코올 중독은 결코 하루아침에 되는 것이 아닙니다. 그렇게 알코올 중독이 되기까지는 아마도 많은 시간과 반복된 술자리가 있었을 겁니다. 거의 매일같이 습관적으로 술을 마셔서 일정한 시점에 이르렀을 때 드디어 중독 상태가 되는 것입니다.

비전이 이루어지는 것도 그렇습니다. 비전이 이루어지려면 내가 그 비전에 중독될 정도로 지속적으로 비전을 생각하고 고민해야 합니다. 우리 뇌는 하루에도 수천, 수만 가지 정보를 처리합니다. 그런 가운데 비전에 대한 것을 주지시키려면, 매일 밥을 먹듯이 비전에 대한 정보를 끊임없이 뇌 속에 입력시켜 줘야 하는 것입니다.

회사의 경우도 마찬가지입니다. 아무리 훌륭한 비전을 세웠다 해도 끊임없이 그 비전을 주지하고 공유하지 않으면 그 비전은 어느새 용두사미처럼 직원들 뇌 속에서 사라지고 맙니다. 애써 설정한 비전은 그저 액자 속에 걸린 문구 하나로 전락하고 마는 것입니다. 일상업무 속에서, 생활 속에서 비전을 하나의 문화로 정착시켜 나갈 때 비로소 그 비전은 생명력을 가질 수 있습니다.

우리 회사 근처를 오가다 보면 모르몬교 선교사들을 자주 보게 됩니다. 그들을 볼 때마다 나는 참 많은 생각을 합니다. 자비로 먼 이국땅에 와서 한국말까지 배워가며 낯선 사람들에게 푸대접을 받아가면서까지 모르몬의 교리를 전하기 위해 노력하는 사람들……. 그들이 과연 누가 시켜서 그런 일을 하는 것일까요? 돈을 많이 줘서 그런 일을 하는 것일까요? 그들은 그들이 가진 철학과 비전을 하나의 삶으로 받아들이고 있기 때문에 어떠한 어려움도 스스로 이겨내고 있는 것입니다.

그렇게 '비전홀릭' 이 된 모습은 흔히 종교 단체나 사회운동 단체에서 활동하는 사람들에게서 흔히 찾아볼 수 있습니다. 높은 보수나 직책이 따르지 않더라도 내 것 네 것 따지지 않고 자신의 모든 것을 아낌없이 할애하는 모습, 그것은 자신이 충분히 공감할 수 있고 사회에 기여할 수 있다고 여기는 공통된 철학과 정신으로 무장되어 있기 때문에 가능한 일일 것입니다.

만약 일반 기업체에서도 그처럼 의식수준이 높은 비전과 철학을 지속적으로 함께할 수만 있다면, 생산성 향상은 물론이고 모두가 즐거운 마음으로 스스로 일하는 문화가 형성될 수 있지 않을까요?

실천의 연속적인 사이클

그것이 무엇이든 간에, 자신의 일에 확신을 갖고 열정적으로 최선을 다하는 사람의 뒷모습은 참으로 아름답습니다. 그리고 스스로 중독될 수 있을 만한 비전을 갖고 사는 사람은 참으로 행복한 사람입니다. 처음 당구를 배울 때는 잠을 자면서도, 학교에서 공부를 하면서도 눈앞에 당구공이 어른거리는 것처럼, 진정으로 원하는 비전을 끊임없이 되새기고 비전홀릭이 된다면 어떤 비전이든 반드시 이루게 될 것입니다. 우리가 매일 나가는 직장이, 매일 하는 일이, 정말 내 목숨을 바쳐볼 만한 의미 있는 것이라면 경제적으로든 정신적으로든 저절로 풍요를 누릴 수 있게 될 것입니다.

우리 몸이 밥을 먹고 살아간다면, 비타민 V는 우리 의식이 먹고 사는 양식입니다. 비전은 잠자고 있는 우리 뇌가 100% 무한 잠재능력의 문을 활짝 열어줄 유일한 이유인 것입니다. 당신은 지금 무엇에 홀릭이 되어 있습니까? 끊임없이 스스로의 의식에 비타민 V를 충전시키고 계십니까? 잠자고 있던 뇌가 무한 잠재능력의 문을 활짝 열어줄 이유를 갖고 계십니까?

간절함을 일깨우는 다섯 가지 실천법들은 하나의 연속적인 사이클을 그립니다. 그래서 스스로의 비전을 설정할 때도 두 번의 과정을 거칩니다. 처음 시작하기에 앞서 현재의 비전을 한번 쓰고 과정을 마치고 나서 다시 한 번 스스로의 비전을 설정합니다. 똑같은 사람이 쓰는 것이지만, 처음과 마지막에 쓰는 비전은 대부분 두드러지게 달라집니다.

비전은 궁극적으로 각자가 가진 의식수준에 따라 그 내용이 달라집니다. 의식수준의 17단계를 밝혀낸 데이비드 호킨스 박사에 의하면, 사람은 의식수준에 따라 비전의 내용이 'Having- Doing-Being'의 차원으로 발전해나간다고 합니다. 처음에는 '무엇을 가지고 싶은(Having)' 욕망단계의 비전을 갖다가 의식수준이 높아지면 '무엇을 하고 싶은(Doing)' 성취단계로 변화합니다. 그 상태에서 더욱 의식이 진화되면 무엇을 갖거나 하고 싶은 수준에서 '어떠한 존재가 되고 싶다는(Being)' 깨달음 차원으로 발전하게 됩니다. 눈에 보이는 물질세계에 비중을 두는 차원에서 점차 보이지 않는 의식세계, 내면세계에 비중을 두는 차원으로 의식전환이 이루어지는 것이지요.

이처럼 의식수준에 따라 비전이 달라지는 이유는 무엇일까요? 그것은 그 사람이 자신의 존재가치를 어떠한 것에 두고 있느냐, 무엇으로 자신의 존재가치를 표현하고자 하느냐에 달려 있습니다. 어떤 사람은 자신이 가진 것으로, 다시 말해 좋은 자동차나 큰 집이나 많은 재산 등 물질적인 부분으로 자신의 존재가치를 드러내고 싶어합니다. 그의 의식세계에서는 물질이 그만큼 가치가 크기 때문입니다.

또 어떤 사람은 자신이 무엇을 하고 있는가? 어떤 업적을 나타냈는가? 하는 것으로 자신의 존재가치를 드러내고 싶어합니다. 이런 사람은 물질보다도 자신이 하고 있는 일이나 직업에서 오는 명예의 가치를 더 중요하게 생각하는 사람입니다.

그러나 이러한 것들은 혹시 모두 진짜 내가 아닌 다른 무엇으로 나의 가치를 대신하고자 하는 욕구는 아닐까요? 진정한 자신의 가치보다는 관념적으로 가치 있다고 교육받아 온 무엇인가로 자신을 대신하고자 하는 욕구 말입니다. 이런 사람들은 다른 사람들에게 내 모습이 어떻게 비칠 것인가, 나에 대해 어떤 평가를 내릴 것인가에 따라 스스로의 가치를 평가하기 쉽습니다.

그러나 의식이 높아지면 겉으로 드러나는 나의 모습보다는 진짜 나의 모습, 존재 그 자체의 가치를 중요하게 생각합니다. 스스로의 평가를 중요하게 생각하게 됩니다.

남들이 아무리 대단한 사람이라고 평가해도 양심에 비추어볼 때 자신의 가치에 대해 스스로 만족할 수 없다면, 그 사람 가슴 한구석에는 늘 채워질 수 없는 공허함이 남아 있을 것입니다. 반대로 가진 것도 없고 명예도 없지만 스스로 떳떳하고 만족할 수 있는 사람은 늘 뿌듯한 가슴을 가지고 있을 것입니다. 우리 자신의 참된 가치는 누군가가 대신 평가해줄 수 있는 것이 아니기 때문입니다.

Having이나 Doing 차원의 비전은 상생이 아니라 경쟁과 대립을 불러오기 쉽습니다. 눈에 보이는 세상의 자원은 유한합니다. 누군가 많이 가지면 누군가는 그만큼 덜 가지게 됩니다. 누군가의 명예가 높아지면 누군가는 그만큼 낮아지게 됩니다. 그래서 서로 더 많이 가지려고, 더 높아지려고 경쟁하게 되는 것입니다.

그러나 어떤 존재가 될 것이냐 하는 Being 차원의 비전은 절대적인 가치를 지닙니다. 누군가의 의식이 높아진다고 해서 누군가의 의식이 그만큼 낮아져야 하는 것이 아니기 때문입니다. 오히려 한 사람의 의식이 높아지면 보이지 않게 그 에너지가 전달되어 그 사람 주변의 사람들은 더욱 의식이 고양되게 됩니다.

여기서 말하고 싶은 것은 'Having, Doing, Being' 이 등급이 아니라는 것입니다. 흔히 우리들은 남과 비교하여 순위를 매기고 가치 판단을 하는 버릇이 있는데, 이것은 존재 차원의 문제이므로 애초에 비교대상이 있을 수 없습니다. 다만 자기 공부가 있을 뿐이고, 스스로에게 솔직할 때 우러나오는 즐거운 마음으로 인생이라는 여행을 하는 것입니다.

자, 지금까지 비전에 대해서 살펴보았습니다. 이제 자신이 진정으로 원하는 구체적인 비전이 무엇인지 한번 세워보세요.

Having-Doing-Being!

실행전략 03

1. 내가 간절히 원하는 것이 무엇인지를 명확히 하라.
2. 스스로 설정한 관념의 나를 버리고 거짓된 한계를 뛰어넘어라.
3. 의심과 두려움, 부정적 습관과 기억을 버려라.
4. 끊임없이 회사와 나의 비전을 공유하라.
5. 정해진 비전에 주파수를 맞추고 집중하라.

step 2 심신의 감각을 살려라

Great Sense!

눈을 감고 걸어보신 적이 있습니까? 저희 프로그램 중에는 눈을 감고 강당 안에서 2~3분 정도를 걸어보는 시간이 있습니다. 처음에는 150걸음 이상을 걷기로 약속하지만 막상 프로그램이 시작되면 제각기 천태만상 다른 모습을 보입니다. 어떤 사람들은 용기를 내어 여기저기 걸어다니는가 하면 또 어떤 사람은 제자리에서만 빙빙 돌며 계속 왔다갔다하기도 합니다. 또 전혀 움직이지 못하고 그대로 서 있는 사람도 있습니다.

그렇게 눈을 감고 걸을 때 어떤 느낌이 들었냐고 물어보면 대부분 "두려웠다." "무서웠다." "앞으로 걸어갈 용기가 나지 않았다."고 대답합니다. 실내에서 진행하는 것이고 우리 강사들이 안전을 지켜드릴 것이라고 누누이 강조해도, 나중에 확인해보면 실제로 150걸음 이상을 걸었던 사람은 3분의 1도 되지 않습니다.

눈을 감고 걸으면 왜 두려운 것일까요? 왜 앞으로 나아가지 못하고 주저하게 되는 것일까요? 그것은 눈을 감음으로써 내 앞에 어떤 상황이 벌어질지 알 수 없기 때문에 주위 환경에 대한 '무지無知'가 두려움을 불러일으킨 것입니다.

이처럼 우리는 어떤 것에 대해 정확히 알지 못할 때 의심하게 되고, 그 의심이 두려움을 불러일으켜 행동하기를 꺼리게 됩니다. 뇌 생리학적으로 보면, 신피질의 '의심'과 구피질의 '두려움'이라는 방어기제가 작용하는 것입니다. 반대로 정확히 알았을 때는 어떻습니까? 눈을 뜨고 정확히 주위 환경을 볼 수 있을 때는 누구든 자신 있게 걸어갈 수 있겠지요.

이를 의식수준에 비유해보면, 의식이 환하게 밝은 상태에서는 용기를 갖고 자신 있게 행동하지만 의식이 어두운 상태에서는 두려워서 움츠리게 되는 것과 같습니다.

그런데 여기서 중요한 점은, 우리가 어떻게 주위 환경이나 사물을 알게 되느냐 하는 것입니다. 그것은 바로 우리의 두 눈을 통해서입니다. 우리는 눈이라는 감각기관을 통한 '시각視覺'으로 사물을 인식하고 있습니다. 비단 눈뿐만이 아닙니다. 귀를 통한 '청각聽覺', 코를 통한 '후각嗅覺', 혀를 통한 '미각味覺', 피부를 통한 '촉각觸覺' 등 우리가 가진 '오감五感'을 통해 나 이외의 환경을 판단하고 그것을 받아들일지 말지에 대한 정보를 얻게 됩니다.

'감각感覺'이라는 말 자체의 뜻이 그러합니다. '느낄 감感'에

'깨달을 각覺', 즉 '느껴서 깨닫는다'는 뜻입니다. 우리는 흔히 어떤 분야에 대해 남들보다 쉽게 깨우치고 습득하는 사람을 보고 "저 사람 참 감각 있어!"라고 이야기합니다. 감각에도 여러 가지가 있습니다. 패션감각 · 영업감각 · 사업감각 · 교육감각 · 기획감각 · 현실감각……. 감각이 있는 사람들은 그 분야의 지식을 남들보다 쉽게 습득하고 답을 찾아나가게 됩니다.

이러한 감각이 있는 것을 우리는 다른 말로 '감각이 열려 있다.' '감각이 살아 있다.'라고 표현하기도 합니다. 마찬가지로 "그 사람 참 그 분야에 열려 있더군!" 하면 감각이 살아 있어 쉽게 통한다는 얘기가 되겠지요. 이처럼 감각은 어떤 것에 대해 깨닫고 답을 찾게 해주는 문이며, 감각이 살아 있으려면 그 문이 활짝 열려 있고 통해야 합니다. 문을 활짝 열어 손님 맞을 준비를 해야 반갑고 귀한 손님들이 마음 편하게 나를 찾아옵니다.

육감을 통한 커뮤니케이션

이 우주에는 '무한 가능성'을 실은 무한한 에너지의 파동이 넘실거리고 있습니다. 그 에너지 파동을 느끼는 우리의 감각이 활짝 열려 있을 때, 반갑고 귀한 '무한 가능성'을 실은 손님이 마음 놓고 우리에게 찾아오는 것입니다. 문을 꼭 걸어잠그고 열어주지 않으면 손님이 아무리 들어가고 싶어도 들어갈 수가 없습니다.

그런데 보이지 않는 에너지 파동을 느끼는 감각은 우리가 일반적으로 알고 있는 감각, 즉 '오감' 과는 조금 다른 감각입니다. 오감의 차원을 넘어 '육감六感' 의 차원으로 들어갔을 때만이 보이지 않는 에너지 세계와 의식세계를 온전히 느끼고 깨달을 수가 있습니다. 그래서 간혹 정확하게 눈에 보이는 단서는 없지만, 간혹 앞으로 어떤 일이 일어날 것 같다거나, 누군가가 범인일 것 같다거나, 이 사업에 성공할 것 같다는 강한 예감을 '육감' 이라고 표현하는 것입니다.

앞서 우리 몸은 우주 에너지 파동을 받아들이는 송수신기와 같다고 했습니다. 이러한 에너지 파동과의 교류를 가능하게 하는 것이 바로 감각입니다. 그래서 나는 감각을 외부세계와 교류하는, 열린 가능성과 교류하는 '커뮤니케이션 시스템' 이라고 합니다.

실제로 우리 몸은 외부세계와 교류할 수 있는 수많은 열린 문들을 가지고 있습니다. 전문적인 용어로는 그것을 '혈穴' 이라고 합니다. '에너지 파동을 받아들이는 구멍' 이라는 뜻입니다. 우리 몸에는 이러한 혈들이 약 360개 정도 있습니다. 몸이 아플 때 한의원에 찾아가면 "혈이 막혀서 기혈순환이 안 된다" "기가 막혔다"는 얘기를 합니다. 이 혈이 잘 열려 있어야 내 몸 내부의 내기內氣와 주위의 외기外氣가 잘 교류되어 온몸에서 커뮤니케이션이 잘 이루어지고 건강해지는 것입니다. 에너지 흐름이 골고루 조화롭게 분배가 되어 기분氣分이 좋아지는 것이지요. 이렇게 혈들이 잘 열려 있어 몸의 커뮤니케이션 시스템이 건강하게 작동할 때, 즉 감각이 살아 있을 때 인간관계도 좋아지고 업무능률도 올라가게 됩니다. 주변 정보를 받아들이고 처리하는 능력이 향상되기 때문입니다. 그래서 남달리 눈치가 빠르거나 재빨리 업무를 습득하는 사람을 보고 "저 사람 감각 있다!"는 말을 하는 것입니다.

기업을 경영할 때도 그렇습니다. 하나의 조직이 비전을 수행해나가기 위해서는 외부환경에 맞춰 끊임없이 변화하고 발전해나가야 합니다. 그러나 앞에서 최고경영자가 아무리 변화를 외쳐도 일선에서는 이를 받아들이지 않고 변화에 저항하는 경우가 많습니다. 이러한 변화에 대한 저항은 무엇 때문에 생겨나는 것일까요?

바로 눈을 감고 걸어갈 때 의심과 두려움이 생겨 행동을 제어함으로써 자신을 보호하려는 본능이 작동하는 것처럼, 변화에 대한 의심과 두려움을 느끼고 있기 때문입니다. 이 의심과 두려움은 앞서 설명했듯 '무지無知'에서 옵니다. 왜 변화해야 하는지, 변화를 통해 내게 어떤 일이 일어날지 정확히 모르기 때문에 일어나는 두려움입니다.

이 캄캄한 무지에서 벗어나게 해주는 것이 바로 감각입니다. 눈을 뜸으로써 앞을 볼 수 있을 때 자신 있게 걸어나갈 수 있는 것처럼, 감각이 살아 있을 때, 다시 말해 조직 내 커뮤니케이션 시스템이 원활하게 작동할 때 변화를 적극적으로 수용할 수 있는 것입니다.

열린 감각은 한계를 이겨낸다

실제로 컨설팅을 통해 조직진단을 해보면, 많은 기업들이 내부, 외부의 정보를 교류하는 커뮤니케이션 시스템이 원활하지 못함으로써 비전을 수행하는 데 어려움을 겪고 있습니다. 최고경영자가 내리는 경영지침이 처음의 뜻과 내용대로 온전히 전체에게 전달되지 않거나, 현장에서 일어나는 정보들을 최고경영자가 온전히 수렴하지 못하는 경우가 많습니다. 조직 내부에서뿐만 아니라 외부 시장환경의 변화에 대한 정보전달이 그때그때 잘 이루어지지 못하고 있는 것입니다.

조직 전체의 감각이 죽어 있어 혈들이 막히고 커뮤니케이션이 원활하게 작동되지 못하면 조직도 여러 가지 병에 걸리게 됩니다. 커뮤니케이션 시스템이 원활하게 작동하려면 조직 전체의 혈들이 열려 있어야 할 뿐만 아니라 그 안에서 활동하는 개개인의 혈들이 열려 있어야 합니다. 그래서 기업에서는 사원들을 교육하면서 '열린 마음'이 되어야 한다고 강조합니다. 그러나 정작 열린 마음이 왜 그렇게 중요한지, 또 진정으로 열린 마음이 되려면 어떻게 해야 하는지에 대한 교육은 충분하지 못한 것 같습니다. 모든 사원들이 진정으로 열린 마음이 되려면 닫혀 있는 감각들이 살아나야 합니다. 질끈 감고 있는 눈을 떠야 하는 것입니다. 그러나 대부분의 사람들은 자신이 눈을 감고 있는지조차 모릅니다. 여기서 말하는 감각은 바로 우리가 그동안 교육받지 못한 육감六感 차원의 감각이기 때문입니다.

보이지 않는 에너지 파동을 느낄 수 있는 심신의 감각, 즉 육감을 살려서 정보 이면에 실린 에너지와 의식의 세계를 느낄 수 있을 때 우리는 그 정보의 가치를 온전하게 수용할 수 있습니다.

최고경영자들이 조직을 운영할 때 혹은 부모들이 자식을 키울 때 흔히 이런 마음을 호소합니다.

"왜 이렇게 내 마음을 몰라줄까?"

그것은 보이지 않는 마음의 세계, 의식의 세계와 교류하는 감각이 닫혀 있는 상대방이 눈에 보이는 정보 자체만으로 판단하기 때문입니다. 혹은 그것을 전달하는 사람 자신의 감각이 닫혀 있어 그 이면에 실리는 에너지와 의식의 전달은 무시하고 정보 자체만을 전달하려고 하기 때문입니다. 지금 그 정보가 어떤 느낌으로 전달되고 있는지 고려하지 않기 때문입니다. 눈에 보이지 않는 육감 차원의 대화를 할 수 있는 감각이 살아날 때 최고경영자의 마음이 온전히 조직 구성원들에게 전달되고 또 전체의 마음을 최고경영자가 온전히 느낄 수 있게 됩니다. 그럴 때 조직 구성원 전체가 경영지침을 올바로 감지하고 이해할 수 있습니다.

마찬가지로 심신의 감각이 살아 있을 때 온 우주 안에 내려와 있는 무한 가능성의 힘을 감지하고 이해할 수 있습니다. 인류 역사에 걸출한 업적을 남긴 천재들은 바로 무한 잠재력을 느끼는 심신의 감각이 살아 있었던 사람들이라고 할 수 있습니다.

눈앞 세상이 아무리 멋있어도 눈을 뜨지 않으면 그 멋진 세상을 볼 수가 없습니다. 이제 보이지 않는 세계를 느끼는 육감의 눈을 활짝 뜨고 의심과 두려움을 넘어 눈앞에 펼쳐진 멋진 세상으로 당당하게 나아가보십시오. 닫힌 감각의 문을 활짝 열고, 우주 탄생 이래의 무한한 풍요와 지혜의 보물이 가득 담긴 유니넷의 답을 받아보시기 바랍니다.

말이 씨가 된다

'말'을 늘려서 발음하면 '마알'이 됩니다. 이를 풀이하면 '마음의 알갱이'란 뜻이 됩니다. 말은 마음의 알갱이에서 나옵니다. 말이란 마음을 쓰는 것입니다. 말을 곱게 쓰는 사람은 마음을 곱게 쓰는 사람입니다. 반대로 말을 험하게 쓰는 사람은 마음을 험하게 쓰는 사람입니다. 말에는 세상을 창조할 수 있는 마음의 힘이 들어 있습니다. 그래서 옛 속담에 "말 한마디로 천 냥 빚을 갚는다."거나 "말이 씨가 된다."고 하는 것입니다.

이 세상에 우연이란 없습니다. 우주 안에서 일어나고 있는 일들은 모두 원인을 가지고 있습니다. 원인 없는 결과란 없습니다. 우리가 지금 여기에 있는 것도 결코 우연의 산물이 아닙니다. 단지 우리가 인식하지 못할 뿐, 보이지 않는 또 다른 세계의 무한한 힘이 작용해 우리는 지금 이곳에서 살아가고 있는 것입니다.

우리는 밥을 먹으면 그것이 어떠한 과정을 거쳐 어떻게 소화되고 흡수되는지, 흡수된 영양분이 어떻게 각 장기로 공급되는지, 공급된 영양분이 어떠한 화학반응을 일으켜 우리 몸에 필요한 에너지로 변환되는지 인식하지 못합니다. 하지만 바로 이 순간에도 우리가 상상할 수 없을 정도로 엄청나게 복잡한 생명현상이 우리 몸 안에서 일어나고 있습니다. 우리가 보지 못하고 인식하지 못한다고 해서 눈에 보이는 현상들이 우연히 일어난다고 생각해서는 안 됩니다.

이 세상 모든 것은 우리 마음과 에너지 작용에 의해 이뤄집니다. 우리 뇌는 무심코 내뱉은 말도 결코 놓치지 않기 때문입니다. 가만히 자신을 한번 돌이켜보십시오. 참석하고 싶지 않은 회의나 모임이 있어서 "차라리 콱 아파서 못 나가게 돼버렸으면 좋겠네……." 하고 생각했는데 실제로 몸살이나 배탈로 참석하지 못하게 된 적은 없으십니까? 그것이 과연 우연이었을까요?

저희 교육과정에 참석하고 일주일 후에 있었던 보수교육에서 한 분이 실제로 있었던 일을 이야기해주신 이야기입니다. 교육을 다녀온 다음날 부부동반으로 여행을 가기로 약속이 되어 있었는데, 이 부부는 여행 가기 전날 꼭 부부싸움을 하게 되는 징크스가 있었답니다. 그날도 어김없이 그분은 사소한 일로 부인과 다투게 되었습니다.

평소 같았으면 내내 화가 난 채로 여행을 다녀왔겠지만 좋은 교육을 받고 와서 그런지 그렇게 지나가는 것이 영 마음에 걸리더랍니다. 먼저 사과를 하자니 자존심이 상하고……. 어떻게 해야 할지 고민하던 그분은 교육 때 받았던 가르침을 써보기로 했습니다. 그분은 토라져서 자고 있는 아내의 얼굴을 쳐다보면서, "여보, 내가 미안해, 그만 화 풀어." 하고 사랑의 마음을 보내기를 두 시간여 계속했답니다. 그런데 다른 때 같으면 쉽게 화가 안 풀리고 며칠을 가곤 했었는데 그 다음날 아침에는 일어나자마자 거짓말처럼 아내의 화가 풀려 있더랍니다.

이런 현상을 원리적으로 풀어보면 '심기혈정心氣血精' 이라 말할 수 있습니다. 보이지 않는 마음, 의식의 세계가 보이는 세계의 현상들을 만든다는 뜻입니다. 한방에서는 건강원리로도 쓰이는 말입니다. '마음心' 이 가는 대로 에너지 '파동氣' 이 전달되고, 에너지가 가는 대로 '피血' 가 돌며, 피가 모여서 '힘精' 이 발생되고 현상이 일어난다는 뜻입니다. '일체유심조一切唯心造' 와 같은 말이지요. 실제로 사람의 몸뿐만 아니라 나뭇잎이 생기는 것을 관찰해보면, 주어진 '프로그램心' 대로 보이지 않는 에너지의 '형상氣' 이 먼저 생기고 그 길을 따라 세포가 '성장해血' 나뭇잎의 '모양精이' 형성된다고 합니다.

아인슈타인은 이 원리를 양자역학으로 설명했습니다. 우주의 모든 물질을 쪼개고 쪼개다 보면 결국 더 이상 쪼개지지 않는 소립자라는 작은 알갱이가 됩니다. 그런데 이 소립자들物은 특이하게도 관찰자의 의지대로 또 기대하는 방향心대로 움직인다는 사실이 밝혀졌습니다. 이는 아주 중요한 의미를 갖고 있습니다. 모든 물질과 현상은 결국 우리의 마음과 의식에 따라 창조되고 있다는 말입니다.

주위를 둘러보면 어떤 일을 할 때마다 "난 안 돼! 내가 어떻게 그런 일을……." 하는 말을 습관적으로 내뱉는 사람들이 많습니다. 그런 사람은 결코 자신이 원하는 것을 얻을 수 없습니다. 늘 자신은 안 된다고 마음을 쓰고 있으니 제대로 될 턱이 없는 것입니다. 안 되는 것이 결국 그 사람이 원하는 것을 이룬 꼴이 되는 것입니다. 이에 반해 늘 "나는 할 수 있어! 나는 반드시 성공할 수 있어." 하고 호언장담하는 사람들도 있습니다. 그런 사람들은 설사 그 일이 실패했을 때조차도 실패라고 인정하지 않습니다. 그러고는 예상이나 했었다는 듯 태연히 또 다른 일을 구상합니다. 과연 그들은 단순한 떠버리일까요?

기회를 포착하는 마음의 안테나

우리가 진정으로 성공하기 위해서는 마음을 읽고 쓰는 감각을 키워야 합니다. 그리고 그 마음의 알갱이인 말을 잘 써야 합니다. 무심코 던진 말 한마디가 사람을 살리기도 하고 죽이기도 합니다. 회사를 살리기도 하고 죽이기도 하며, 한 나라를 부흥의 길로 이끌기도 하고 나락으로 떨어뜨리기도 합니다.

이 세상은 실로 자신이 원하는 바를 이룰 수 있게끔 되어 있습니다. 우리가 원하는 정보는 이 우주 안에 무한히 널려 있습니다. 문제는 누가 얼마만큼 이를 끌어들여 사용하느냐 하는 것입니다. 바다 속에 아무리 물고기가 많다 한들 낚싯대를 드리우지 않으면 잡을 수 없습니다. 물고기를 잡기 위해서는 먼저 낚싯대를 드리워야 하듯이, 정보를 얻으려면 '감각'이라는 안테나를 세워야 합니다. 안테나를 세운 후에는 강태공이 찌에서 눈을 떼지 않듯이 늘 안테나를 주시하십시오. 찌가 움직이는 것은 아주 순식간의 일입니다. 물고기를 잡기 위해서는 물고기가 찌를 무는 순간을 놓치지 말아야 하듯이, 유니넷으로부터 내려온 정보가 안테나를 스치고 지나가는 그 짧은 순간을 놓치지 않고 포착할 줄 알아야 합니다. 세상에 대한 답은 언제 어디서 내려올지 모르기 때문입니다.

나는 잠을 청하기 전에 반드시 내가 원하는 것이 이루어지는 순간을 떠올립니다. 그리고 아침에 눈을 떴을 때도 곧바로 일어나지 않고 얼마간 자리에 그대로 누운 채 가만히 명상을 합니다. 운전을 할 때나 샤워를 할 때도 명상을 하듯 마음을 비우고 있으면 평소에 원하던 답들이 불현듯 내려오곤 합니다.

평상시 우리의 뇌에서는 신피질의 의심과 구피질의 두려움이 활발히 작용하고 있습니다. 그런데 잠에서 완전히 깨어나지 않은 몽롱한 상태나 아무 생각 없이 샤워를 하고 있는 순간에는 뇌파가 떨어져 있어 뇌간으로 접근하기가 쉽습니다. 바로 그 순간, 평상시에는 생각하지 못했던 아이디어들이 물고기처럼 수면을 박차고 뛰어오르기도 합니다.

  그렇다고 꼭 아침에 눈을 뜬 후 자리에서 곧바로 일어나지 말라는
것은 아닙니다. 각자 살아온 여정이 다르듯이 저마다 자신만의 고
유한 방법이 있을 것입니다. 버스 창문을 통해 무심히 지나치는 사
물들을 바라보면서 아이디어를 얻는 사람도 있을 테고, 자신만의
공간에 들어앉아 머리를 감싸쥐고 몰입함으로써 아이디어를 얻는
사람도 있을 테며, 사람과 대화를 나누면서 아이디어를 얻는 사람
도 있을 터입니다.

  여러분 자신에게 가장 적당한 방법을 찾으십시오. 그것이 어떤 방
법이든 강태공이 찌에서 눈을 떼지 않듯 늘 자신이 세운 안테나에 주
의를 기울이는 것이 중요합니다. 찌가 움직이는 것은 아주 짧은 순간
의 일입니다. 찌에서 한눈을 팔고 있다면 고기를 낚을 수 없듯 안테
나를 세운다 할지라도 한눈을 팔면 다 잡은 고기를 놓치게 됩니다.

쌍방향 안테나를 세워라

  자기 전에도 생각을 하고, 아침에 눈을 떠서도 제일 먼저 그 생각
이 떠올라야 합니다. 밥을 먹으면서도, 길을 걸으면서도, 생각의 한
쪽 귀퉁이에 그 생각이 늘 머물러 있어야 합니다. 그래야 안테나에
걸린 정보를 놓치지 않고 자기 것으로 만들 수 있습니다.

  안테나를 세우고 다니되, 받기만 하는 안테나가 아니라 쌍방향

안테나를 세우십시오. 내가 잠기고 싶은 기쁨, 내가 누리고 싶은 보람, 내가 나누고 싶은 관계를 그 안테나에 담아 우주로 띄우십시오. 간절한 마음을 내기만 하면 우주는 당신의 소망을 들어주기 위해 거기에 합당한 정보를 당신에게로 보내줍니다. 온갖 정보를 당신 앞에 일렬로 정렬시켜 줍니다. 모차르트는 다음과 같이 쓴 적이 있습니다.

"한 장의 그림처럼 음악이 눈앞에 나타나 그것을 악보에 옮겨놓으면 그대로 하나의 교향곡이 탄생되었다."

그러나 모차르트의 음악이 저절로 탄생했다고 생각하면 큰 오해가 아닐 수 없습니다. 악상이 저절로 샘솟을 때까지는 줄기찬 집중과 기다림이 있었다고 보아야 합니다. 좋은 음악을 받아 적기 위해 안테나를 높이 세우고 다녔다고 보아야 합니다. 줄줄이 음표가 떠올라 저절로 교향곡이 되었듯이 우리도 안테나를 세우고 그 안테나에 집중하기만 하면 됩니다. 그러면 그 소망은 반드시 현실이 되어 우리 눈앞에 기적처럼 나타날 것입니다.

번뜩이는 아이디어로 세상을 주름잡은 영화의 천재 찰리 채플린은 이렇게 말했습니다.

"나는 오랜 경험을 통해 알고 있다. 아이디어라는 것은 오직 한마음으로 구하기만 하면 반드시 그쪽에서 나타난다는 것을…… 음악을 듣고 있다가, 저녁 일몰 광경을 보고 있다가 갑작스럽게 아이디어가 태어나는 일도 있을 수 있다."

감각이 살면 저절로 이루어진다

예전에 개인 대상의 교육과정을 진행한 후의 일입니다. 일주일 뒤 모임에서 한 분이 체험담을 들려주셨습니다.

"나는 아주 골초입니다. 20년이 넘게 하루에 두 갑 이상을 피워왔어요. 옆에서 마누라가 아무리 끊으라고 해도 끊지를 못했습니다. 근데 요즘 건강이 안 좋아져서, 여기서 비전을 세우면서 담배를 한번 끊어보자! 하고 생각했습니다. 그런데 신기하게도 교육장 문을 나선 그날 저녁부터 담배 생각이 전혀 안 나고 담배 연기조차 맡기 싫어지는 겁니다. 그리고는 지금 일주일이 지났는데 그후로 단 한 대도 피질 않았습니다. 이제는 아예 담배 냄새가 싫어져서 담배 생각을 하기도 싫습니다. 마누라가 무슨 일이 있었냐고 깜짝 놀라더라니까요. 참 신기한 일입니다."

그분은 연세가 50대 중반 정도로, 처음에 교육받으러 오셨을 때보다 얼굴빛도 훨씬 맑아지고 화색이 돌고 있었습니다. 비전을 세우신 대로 건강도 많이 좋아진 것 같았습니다.

담배를 저절로 끊게 된 것은 비단 그분만의 특별한 경험은 아닙니다. 나 역시 예전에는 담배를 꽤 많이 피는 편이었습니다. 그러나 교육과정을 시작하면서 몸에서 절로 담배를 거부하게 되었습니다. 보이지 않는 에너지를 느끼는 훈련을 꾸준히 하시는 분들은 감각이 예민해져서 몸에 해로운 것은 저절로 피하게 됩니다. 자연 담배나 과도한 술을 절제하게 되는 경우가 많습니다. 나중에 자세히 살펴보겠지만, 감각이 고도로 되살아나면 나쁜 말이나 행동까지도 저절로 삼가게 됩니다.

원래 우리 몸을 건강하게 유지하고 보호하기 위한 생명활동은 의도하지 않아도 저절로 이루어지게 되어 있습니다. 우리의 심장은 바로 이 순간에도 활발히 뛰고 있습니다. 그렇다면 심장이 왜 뛰는 걸까요? 우리 생각이 뛰라고 하니까 뛰는 것이 아닙니다. 우리 자신의 생각대로 맥박을 관리할 수 있는 것이 아닙니다. 만약 그렇지 않다면 우리는 한시도 마음을 놓을 수 없을 것입니다. 맥박이 뛰는지 안 뛰는지, 혹은 너무 빨리 뛰거나 너무 늦게 뛰지는 않는지 걱정하느라 아무 일도 하지 못할 것입니다. 다행히도 맥박은 우리 생각과는 상관없이 뛰고 있습니다. 이 책과의 만남을 즐기고 있는 지금 이 순간에도 맥박은 정상적으로 뛰고 있습니다. 맥박은 우리의 생각 밖에서, 우리가 의식하지 못하는 힘에 의해서 뛰고 있습니다. 얼마나 다행스런 일인지 모릅니다. 심장관리, 혈액관리, 신진대사관리 등으로 의식을 쪼개어 써야 한다면 우리 몸은 하루도 못 가서 '펑' 하고 터지고 말 테니까요.

원래 우리 몸에는 스스로 건강을 조절하는 '자연치유력'이 있습니다. 저절로 건강해지는 비결입니다. 예로부터 한방에서는 병을 다스릴 때 자연치유력의 원리를 많이 활용했지만, 요즘에는 오히려 서구에서 '대체의학'을 발전시켜 자연치유력에 많은 관심을 보이고 있습니다. 닫혀 있던 감각이 살아나면 자연치유력도 함께 살아나게 됩니다. 이완된 집중을 통해 에너지를 느끼면서 몰입하다 보면 어느 순간 몸이 저절로 움직이는 때가 있습니다. 기운을 따라 움직이는 몸을 가만히 내버려두면 저 혼자 안 좋은 곳을 두드리기도 하고 돌리고 비틀기도 하면서 몸을 풀어줍니다. 더 깊이 들어가면 겉에 있는 근육뿐만 아니라 세포 하나하나가 진동하면서 세포 속에 입력된 부정적인 정보나 탁한 기운을 뽑아내어 건강한 세포로 만들어줍니다. 이것이 바로 자연치유력의 원리입니다.

기업도 마찬가지입니다. 우리는 흔히 조직을 하나의 생명유기체라고 부릅니다. 그러므로 개별 생명체가 그러하듯 조직도 자연치유력을 가지고 있습니다. 기업이 유지되고 성장하기 위해 구성원들은 자신도 모르게 서로 이해관계를 조금씩 조절하면서 건강을 유지하고 있는 것입니다. 그런데 구성원들의 감각이 죽어 있으면 그 조직은 자연치유력을 잃고 병이 들게 됩니다.

앞에서 감각은 '커뮤니케이션 시스템'이라고 했습니다. 몸의 혈들이 열려 있어 기혈순환이 원활할 때 몸의 건강이 유지되듯이 조직구성원들이 감각이 살아 있을 때 원활한 커뮤니케이션이 이루어져 조직의 건강이 유지될 수 있습니다. 커뮤니케이션은 구성원들이 서로 관계를 유지하고 외부환경과 관계를 발전시켜 나가는 방법이기 때문입니다. 이렇게 저절로 이루어지는 경지를 '무위행無爲行'이라고 합니다. 물살에 떠내려가는 나뭇잎을 보면 스스로는 전혀 움직이지 않으면서 물살에 몸을 맡겨 강으로, 바다로 움직여 흘러갑니다. 행함이 없이 행하는 것입니다. 내가 의도하지 않아도, 행하지 않아도 심장 맥박이 저절로 뛰듯이 일일이 지시하지 않아도 저절로 이루어지는 무위행의 경영법을 나는 '저절로 경영법' 이라고 합니다. 저절로 경영법은 전체 조직 구성원들의 심신의 감각이 살아 있을 때 가능합니다.

앞에서 감각이 살아나려면 '이완된 집중' 을 해야 한다고 했습니다. 저절로 경영이 되기 위해서는 먼저 조직 전체에 스트레스를 주고 있는 불필요한 힘을 빼야 합니다. 목과 어깨에 힘을 주게 만드는 권위주의, 서로의 눈에 힘을 주게 만드는 반목과 부서 이기주의, 두 주먹에 힘을 주게 만드는 투쟁주의……. 닫혀 있는 감각을 살리려면 먼저 과도하게 힘을 주고 있는 조직 요소요소를 리듬을 타고 흔들어 에너지가 원활히 흐를 수 있도록 이완시켜줘야 합니다. 그리고 하나의 비전을 향해 몸과 마음을 일치시켜 집중해야 합니다. 그럴 때 이제까지 발휘되지 못했던 여섯 번째 감각이 살아나 조직이 저절로 건강해지고 조직 전체가 원하는 답을 받게 될 것입니다.

Leading을 하려면 Reading을 하라

감각은 크고 작은 환경의 변화를 '알아차리게' 해줍니다. 감각이 죽어 미세한 변화를 읽지 못한 채로 변화가 누적되면 나중에 큰 낭패를 볼 수 있습니다. 우리가 원하는 비전을 이루려면 심신의 감각이 살아 있어 환경의 변화를 그때그때 제대로 알아차려야 합니다.

　우리 몸의 건강도 그렇습니다. 의술이 발달되지 않고, 정보교류가 활발하지 않던 옛날에는 병명을 모르는 알 수 없는 병으로 죽어간 사람들이 많았습니다. 그런데 이런 일은 현대에도 발생하고 있습니다. 얼마 전 외과의사를 하고 있는 후배를 만나 이야기를 들으니 요즘에도 태반의 병들이 그 원인을 알 수가 없으며, 그런 원인 모를 병들은 모두 '심인성'이나 '신경성'이라는 이름을 붙여 처리한다는 것입니다. 더욱 놀라운 것은 병원을 찾는 환자 중 이런 '심인성 질환'이라 판정된 사람이 70%나 된다는 것입니다. 현대인에게 그만큼 심적 스트레스와 갈등이 많다는 것이겠지요.

　심인성 질환은 다른 데서 오는 것이 아니라 문자 그대로 마음에서 오는 병입니다. 바이러스나 기타 화학적, 물리적 원인에서 발생하는 질병이라면 현대 의학에서 접근이 쉽겠지만, 과학의 탐구 영역 외곽에 존재하는 '마음의 작용'은 현대 의학에서는 아직껏 미지의 세계로 남아 있기 때문에, 문제가 발생해도 뚜렷한 해법을 찾지 못하고 있습니다. 마음의 변화가 몸에 미치는 영향을 알아차리는 감각이 살아 있지 않으면 스트레스가 누적되어 결국 '원인 모를 병'에 걸리고 마는 것입니다. 심인성 질환은 대부분 스트레스를 동반합니다. 스트레스는 특히 변화해야 하는 순간에 발생합니다. 실제로 많은 분들과 인터뷰를 해보면, 나이가 많고 직책이 높을수록 "너 좀 변해라!" 하는 말이 가장 스트레스를 준다고 합니다. 요즘처럼 기업의 환경 변화가 심한 때에는 그만큼 더 스트레스를 받기 마련입니다. 자연히 심인성 질환도 많이 생긴다는 이야기가 되겠지요.

개인뿐만 아니라 기업 내부에서도 이러한 스트레스 반응 패턴이 조직적으로 일어나고 있으며, 이것이 일종의 '심인성 기업병'을 양산하고 있습니다.

모두들 자신의 업무에 열심히 임하고 있고 겉으로 드러나는 아무런 문제점이 없음에도 불구하고, 직원들 간의 보이지 않는 다툼에너지 쟁탈전은 요소요소에 숨어 있습니다. 이러한 보이지 않는 갈등들이 업무능률과 생산성을 저하시키며, 아이디어를 발휘하지 못하게 합니다. 이는 결국 상품의 질을 저하시키고 마케팅은 목표를 달성하지 못하며, 고객들은 다른 회사의 상품을 찾아 떠나게 됩니다. 전문 컨설팅 회사에 자문을 받아보지만, 답은 이미 예상한 수준 이상을 벗어나지 못하고, 설사 획기적인 해결책이 제시되었다 하더라도 실제로 실행하기에는 부서간의 이해관계가 너무나 복잡하게 얽혀 있습니다. 결국은 약간의 조직개편과 인사이동으로 마무리를 짓게 되지만, 문제의 핵심은 여전히 조직의 내부에 남아 있게 되고, 모두들 언젠가 다시 수면 위로 떠오를 잠재된 문제라는 것을 알고 있습니다. '제2의 창립식'을 가지며 샴페인을 터뜨려보지만 감당해야 할 미래의 무게는 또 다시 스트레스로 다가옵니다. 스트레스로 인한 심인성 질환이 전체 질병의 70% 이상이라고 할 때, 어쩌면 기업 내 문제점의 70%도 조직적인 스트레스에 의한 심인성 질환일 가능성이 높습니다. 심인성 기업병을 해결하려면, 조직을 이끄는 리더들의 보이지 않는 심적 스트레스를 읽어내는 감각이 살아 있어야 합니다.

사람들이 무언가 불만을 이야기할 때 깊이 살펴보면, 표면에 드러내는 문제와 내면에 깔린 진짜 문제가 다른 경우를 흔히 볼 수 있습니다. 다른 사람의 경우를 빗대서 이야기하거나, 자기 자신도 진짜로 왜 그런지 모르는 채 본질을 벗어나 표면적인 이야기만 하는 경우가 비일비재합니다. 조직적 생명력을 안전하게 유지하기 위한 행동들입니다.

조사에 의하면, 일반적으로 생산 현장에서 일어나는 문제 중에 최고경영자에게 알려지는 일들은 전체의 4%에 불과하며, 최고감독관에게는 9%, 일반감독관에게는 74%만이 알려진다고 합니다. 일반직원에게 알려지는 현장의 일들을 100%로 봤을 때, 최고경영자에게 숨겨진 문제가 96%라는 것입니다. 바닷물 속에 90%를 숨기고 있는 빙산의 일각처럼, 어쩌면 최고경영자들은 현장에서 일어나는 일들에 대해 무지의 빙산을 보고받고 있는지도 모르겠습니다. 따라서 누적된 문제들을 원천적으로 해결하기 위해서는 최고경영자가 먼저 자기 자신을 개방하고 조직 구성원들의 상황을 정확히 Reading했을 때 전체를 올바르게 Leading할 수가 있습니다. "Good Reading is Good Leading." 심신의 감각이 살아 있어야 나의 건강과 행복을 리드할 수 있고 조직의 건강과 성장을 리드할 수 있는 것입니다. 감각이 살아 있을 때, 조직을 보다 나은 풍요로 이끄는 답을 찾을 수 있는 것입니다.

보이지 않는 세계와 교류하라

우리는 앞서 보이지 않는 의식의 세계, 에너지의 세계가 보이는 세계를 창조하고 있다는 것을 살펴보았습니다. 또한 보이지 않는 세계와 교류하기 위해서는 보고, 듣고, 맛보고, 냄새 맡고, 촉감을 느끼는 오감五感 차원을 넘어 닫혀 있는 육감六感을 살려야 한다는 것도 알았습니다. 심신의 육감이 살아나 우주 전체에 넘실거리는 에너지 파동을 느낄 때 우리가 원하는 비전을 뇌간으로 들여보낼 수 있습니다. 그리고 뇌간을 통해 유니넷에 접속하여 답을 받을 수 있는 것입니다.

어떻게 하면 이 닫힌 여섯 번째 감각을 살려 보이지 않는 에너지 파동의 세계로 들어갈 수 있을까요? 에너지 파동을 느끼려면 시간과 공간, 오감의 제약에 묶여 있는 외부의식 차원의 들떠 있는 뇌파를 α파 이하로 떨어뜨려야 합니다. 뇌파가 고요해지면서 시간과 공간의 제약을 벗어나 보이지 않는 내부의식의 세계로 들어가게 되는 것입니다. 보이지 않는 에너지를 느끼는 여섯 번째 감각은 우리가 일상적으로 사용하고 있는 오감을 그칠 때 비로소 작동하기 시작합니다.

긴장된 상태에서는 뇌파를 가라앉힐 수가 없습니다. 긴장이 풀려 있으면서도 의식이 몸에 머물러 있는 상태라야 새로운 감각이 깨어나 에너지의 흐름을 느낄 수 있습니다. 그러한 상태를 '이완된 집중'이라고 합니다.

우리 몸에서 가장 힘이 많이 들어가 있고 긴장되어 있는 부분이 어디일까요? 강연에 참가하신 분들의 몸을 점검해보면 대체로 목 · 어깨 · 허리 3대 포인트가 가장 굳어 있습니다. 힘이 들어가 있는 부분은 탁한 기운이 쌓여 있게 마련입니다. 그 기운을 빼주어야 세포가 이완되면서 새로운 에너지가 들어옵니다.

① 먼저 머리에서 목, 어깨, 꼬리뼈를 일직선으로 펴십시오. 자세가 비뚤어지면 기운도 비뚤어져 내려오게 됩니다.

② 눈에서는 힘을 빼고 눈을 지그시 감아주십시오. 깊이 숨을 들이쉬고 내쉬면서 먼저 머리에 집중하십시오. 머릿속이 맑아지면서 가벼워진다고 상상하십시오. 환한 태양 빛이 머릿속을 두루두루 비추어주며 청소해주고 있습니다.

③ 그 빛은 머릿속을 지나 얼굴로 내려옵니다. 이마, 눈, 코, 인중, 입술, 턱을 차례로 쓰다듬어줍니다. 들려 있는 턱을 안으로 살짝 당겨보십시오. 빛은 이제 목으로 내려와 목둘레를 쓰다듬어줍니다. 목이 죽 펴지는 기분을 느껴보십시오.

④ 이제 빛은 양쪽 어깨로 내려갑니다. 어깨에서 팔꿈치로, 손목으로 내려가면서 손끝으로 탁한 기운이 쪽쪽 빠져나간다고 상상해보십시오. 어깨가 아주 가벼워집니다.

⑤ 다시 팔꿈치를 타고 어깨로 올라와 이제 가슴으로 빛이 내려갑니다. 가슴에서 아랫배로 내려옵니다. 아랫배에 집중해보십시오. 허

리가 곧게 쭉 펴지는 걸 느낄 수 있습니다. 다시 빛이 허벅지로 무릎으로 내려옵니다. 빛은 마지막으로 양발로 내려와 탁한 기운이 발끝으로 쭉쭉 빠져나갑니다.

⑥ 이제 살며시 눈을 뜨고 편안하게 먼 곳을 바라봅니다. 온몸에 힘을 뺀 채 무릎을 살짝 굽히고 천천히 몸 전체를 아래위로 흔들어줍니다. 인위적으로 하려 하지 말고 몸무게에 의해 생기는 자연스러운 반동의 리듬에 맞춰 몸 전체를 툭툭 털어줍니다. 리듬을 타면 몸이 저절로 흔들릴 것입니다. 이때 중요한 것은 미세한 몸의 움직임을 하나하나 느껴보는 것입니다. 서두르지 말고 천천히 리듬을 타면서 몸에서 일어나는 변화나 느낌을 지켜봅니다. 호흡은 편안하게 하되 동작과 자연스럽게 맞춰나갑니다.

스트레스와 긴장에 시달릴 때 가장 먼저 굳는 부위가 바로 목과 어깨입니다. 목과 어깨가 긴장되어 있으면 머리가 무겁고 맑지 않습니다. 또한 기혈순환이 막혀 신선한 산소와 에너지가 뇌로 충분히 공급되지 못합니다. 규칙적인 진동을 통해 목과 어깨의 근육이 부드러워지면 혈액순환과 산소공급이 원활해져 머리가 가벼워지게 됩니다.

에너지 느끼기

① 이제 천천히 동작을 멈추고 서서 호흡을 가다듬습니다. 자, 이제 양팔을 크게 벌렸다 오므리면서 숨을 세 번 정도 들이쉬고 내쉽니다. 그리고 천천히 의자에 앉습니다. 어느 정도 몸과 마음이 이완되었으므로 본격적으로 에너지를 느껴보도록 하겠습니다.

② 의자 등받이에서 허리를 떼고 턱을 약간 당겨 머리끝과 목, 허리를

일직선으로 놓고 자세를 바로합니다. 그 다음 양손을 들어 가슴 앞에 놓습니다. 에너지는 몸 전체로 느낄 수 있지만 우선 우리 몸 중에서 가장 감각이 예민한 부위인 손을 통해 에너지를 느껴보도록 하겠습니다.

③ 손바닥에 마음을 집중시키기 위해 손바닥을 다섯 번 정도 친 다음 손바닥이 뜨거워질 정도로 세게 비빕니다. 손바닥에 느껴지는 뜨거운 느낌, 그것이 바로 '열기熱氣'입니다. 양손을 다시 가슴 높이로 들고 양 손바닥을 5cm 정도 띄운 채 마주보게 합니다. 그리고 마음을 손바닥에 집중합니다. 손바닥에 남아 있는 따뜻한 '온기溫氣'를 느껴봅니다.

④ 살짝 눈을 감아보십시오. 에너지를 타고 뜨거운 피가 혈관을 통해 손바닥으로 모여듭니다. 심장의 박동 소리를 들어보십시오. 그 박동을 따라 맥박이 뛰면서 손바닥에 혈관이 움직이는 것을 느껴보십시오.

⑤ 몸의 긴장을 풀고 두 손이 마치 허공에 매달린 것 같은 느낌을 가져봅니다. 마음의 눈으로 두 손을 보면서 두 손 사이 공간에 가득 차 있는 에너지를 느껴보세요.

⑥ 이제 두 손 사이를 아주 조금씩 천천히 넓혔다 좁혔다 해봅시다. 두 손 사이에 어떤 감각이 느껴집니까? 양손에 전기가 흐르는 듯한 느낌이 느껴질 수 있습니다. 아주 약하게 찌릿찌릿 하는 느낌이 올 수도 있고, 강하게 전류가 흐르는 듯한 느낌이 올 수도 있습니다. 자석의 극과 극이 서로 당기고 미는 듯한 느낌이 느껴질 수도 있습니다. 이처럼 두 손 사이에 자장이 형성되고 두 손이 서로 반발하거나 끌어당깁니다.

또는 아주 부드러운 무언가가 느껴질 수도 있습니다. 솜 같은 것이

뭉클뭉클하게 손에 잡히기도 하고 물속에 손을 담그고 천천히 움직일 때처럼 손가락 사이로 물살이 지나가는 듯한 느낌이 들 수도 있습니다. 대기권 밖 무중력 공간을 유영하는 것처럼, 구름이나 안개 사이를 지나가는 것처럼 느낄 수도 있습니다.

어떤 느낌이 들더라도 놓치지 말고 집중해보십시오. 처음에는 아주 미약한 느낌이더라도 시간이 지남에 따라 점점 확실하게 느끼게 될 겁니다. 두 손 사이 공간에서 에너지가 확실하게 느껴지면 양 손바닥 사이를 점점 더 넓게 벌렸다 오므렸다 해봅니다. 손 안에 기운으로 된 공을 굴린다고 생각하고 손바닥을 마주한 채 앞뒤로 돌려보십시오. 기운을 따라 손을 움직이면서 에너지의 느낌을 느껴보십시오.

혹시 잘 안 되더라도 실망하지 마십시오. 반복하다 보면 누구나 에너지를 느낄 수 있으니 느긋한 마음으로 하면 됩니다. 처음부터 안 된다고 쉽게 실망하고 '나는 역시 안 되나 보다.' 생각하면, 그런 부정적인 생각들이 마음을 위축시켜 에너지를 느끼기가 더 어려울 수도 있습니다. 그저 몸과 마음을 이완시키고 정신을 집중하십시오. 그리고 이 우주의 생명 에너지를 향해 마음을 활짝 열어 놓으십시오. 그러면 에너지는 저절로 느껴지게 되어 있습니다.

원래 우리에게는 보이지 않는 마음과 기운을 느끼고 교류할 수 있는 감각이 있습니다. 그런데 보이지 않는 세계를 인정하지 않으려는 관념 때문에 거의 그 감각을 잃어버리고 말았습니다. 물질세계가 발달하다 보니 보이는 세계에 현혹되어, 물질을 창조해낸 근본인 의식세계를 느끼는 감각을 잃어버린 것입니다. 주객이 전도된 것입니다.

우리 눈앞에 보이는 세계는 보이지 않는 의식이 자신을 표현하기 위해 창조한 세계일 뿐입니다. 그런데 보이는 세계에만 현혹되어 외부 의식 차원의 여러 가지 감각이나 감정에 얽매이면 보이지 않는 세계로 들어가지 못합니다. 여기서 벗어나 깊은 집중을 통해 내면으로 몰입할 때 닫혀 있던 감각이 살아납니다. 보이지 않는 세계로 들어가는 심신의 감각이 살아날 때 우리가 그토록 원하는 비전을 이루어줄 열린 가능성과 커뮤니케이션을 할 수가 있습니다.

Having-Doing-Being!

실행전략 04

1. 마음을 읽고 쓰는 감각을 키워라.
2. 사람을 이끌려면 답(DAP)의 안테나를 주시하라.
3. 이완된 집중을 위해 스트레스와 불필요한 힘을 빼라.
4. 사람을 이끌려면(Leading) 사람의 마음을 읽어라(Reading).

step 3 긍정의 파워를 선택하라

G r e a t   P o w e r !

　　　　　앞에서 우리는 스스로의 의식수준을 높이고 유니넷에 접속하여 답을 끌어오려면 첫째, 진정으로 원하는 비전을 구체적으로 설정해야 하며 둘째, 보이지 않는 에너지의 세계를 느끼는 심신의 감각을 살려야 한다는 것을 살펴보았습니다. 보이지 않는 에너지가 유니넷의 정보를 끌어오는 자기장의 역할을 하기 때문입니다. 그런데 그 보이지 않는 에너지에도 종류가 있습니다. '어떤 의식수준에서 나온 에너지인가' 에 따라 크게 두 가지로 나눌 수 있는데, '파워Power' 와 '포스Force' 가 그것입니다.

　파워는 의식레벨 200럭스 이상의 수준에서 나오는 긍정적 에너지로서 우리말로 '생기生氣' 라고 합니다. 성장과 발전의 생명에너지라는 뜻입니다. 포스는 의식레벨 200럭스 미만의 수준에서 나오는 부정적 에너지로서 우리말로 '사기死氣' 라고 합니다. 파괴와 대립을 가져오는 죽음의 에너지라는 뜻입니다. 이 파워와 포스는 자기 자신뿐만 아니라 타인과 조직까지도 살리고 죽이는 힘을 가지고 있습니다. 파워는 자신과 타인을 치유하는 힐링healing의 힘을 가지고 있으며, 포스는 자신과 타인의 생명을 위협하는 킬링killing의 힘을 가지고 있습니다.

의식레벨의 17단계 중에서 파워를 내보내는 긍정적 의식 중에서 가장 대표적인 것은 '사랑'이며, 포스를 내보내는 부정적 의식 중에서 가장 대표적인 것이 바로 '두려움'입니다. 우리 뇌의 신피질과 구피질에 싸여 있는 두려움으로 대표되는 이 부정적 의식들이 무한 잠재능력의 보고인 뇌간으로 가는 길목을 가로막고 있는 것입니다. 파워는 우리의 본질인 자아의식에서 나온 것이며, 포스는 거짓 자아인 관념에서 나온 피해의식들입니다. 구체적으로 설정한 비전을 유니넷에 쏘아올리고 심신의 감각을 살려서 받은 답들 중에서도 어떤 정보를 선택할 것이냐 하는 것이 바로 이 세 번째 단계의 중요한 부분입니다. 파워적인 답을 선택하여 행동하면 파워의 긍정적 결과가 나오고, 포스적인 답을 선택하여 행동하면 포스의 부정적 결과가 나오기 때문입니다. 유유상종類類相從이라는 뜻이지요. "콩 심은 데 콩 나고 팥 심은 데 팥 난다." "아니 땐 굴뚝에 연기 나랴." 등의 우리 속담들이 바로 이러한 에너지의 무한대 거래법칙을 의미하는 말들입니다.

우리는 살아가면서 끊임없이 에너지를 주고받습니다. 양질의 에너지를 주고받으면 양질의 에너지 장이 형성되어 기분이 좋아지는 반면, 그렇지 못한 에너지를 주고받을 경우엔 부정적인 에너지 장이 형성되어 기분이 나빠지고 심하게는 싸움에 이르게 됩니다. 이런 현상은 개인과 개인 사이에서만 일어나는 일이 아닙니다. 개개인이 형성한 에너지 장들이 모여 사회적으로 하나의 유형의 장을 형성하게 되고, 이는 다시 그 구성원들에게 고스란히 되돌아가게 마련입니다.

울분과 좌절의 검은 에너지에 물들지 않으려고 애쓰는 것보다 더 중요한 것은, 밝은 에너지로 나와 너의 인생을 물들이는 일입니다. 마당에 내린 눈을 일일이 쓸지 않아도 햇볕이 따사롭게 내리쬐면 눈은 저절로 녹게 됩니다. 서로서로 사랑의 에너지, 파워를 주고받음으로써 이 인생을 고통의 바다가 아닌 사랑의 바다로, 진정 살 만한 무대로 만드는 것이 우리들의 참모습일 것입니다.

생각이 행동을 규정한다

한 과학자가 실험을 했습니다. 벼룩 두 마리를 잡아다가 컵 안에 넣었답니다. 컵 안에 갇힌 벼룩들은 원래 높이뛰기 선수들인지라 톡톡 잘도 튀어 컵 밖으로 나왔습니다. 놈들을 다시 붙잡아 이번엔 컵 위에 유리로 뚜껑을 씌웠습니다. 벼룩들은 이번에도 열심히 튀어올랐습니다. 그러나 튈 때마다 자꾸만 유리 뚜껑에 머리를 부딪

했습니다. 아무리 높이뛰기를 잘하는 벼룩이라지만, 머리를 부딪혀 아픈 벼룩들은 차츰 튀어나가기를 포기하지 않을 수 없었습니다. 한참 후에 이번에는 유리 뚜껑을 제거하고 지켜보았습니다. 처음에는 컵 밖으로 잘도 튀어오르던 벼룩들은, 유리 뚜껑이 있는 곳 바로 직전까지만 튀어 오르고 더 이상 높이 튀어 오를 생각을 하지 않았습니다. 유리 뚜껑에 머리를 부딪히던 벼룩들은 아마 이런 심경이 아니었을까요?

"아, 난 안 돼. 난 결코 저 밖으로 나갈 수 없어. 평생 동안 요 모양 요 꼴로 살 수밖에 없을 거야. 난 안 돼!"

벼룩은 유리 뚜껑에 부딪히는 고통을 당해가면서 더 이상 튀어올라 봤자 나만 손해라는 고정관념이 생겼던 겁니다. 고정관념이란 이렇게 자기 자신을 제한하는 일종의 틀입니다. 스스로 자기한계를 그어놓고 날개를 묶어두는 격입니다. 한번은 어떤 분이 벼룩 이야기를 듣고는 통곡을 한 적이 있습니다.

"저 벼룩의 모습이 바로 내 모습입니다!"

그분은 살아가면서 스스로 굴레를 씌우고는 혼자서 이렇게 약은 체를 해왔다는 겁니다.

"난 요만큼밖에 못 해. 내가 그걸 어떻게 해?"

"내가 또 속을 줄 알고? 나도 다 해봤어. 한 번 속지 두 번 속아?"

이처럼 어느 누구에게나 조금씩은 고정관념이 있습니다. 중요한 것은 고정관념이 있는가, 없는가 보다 자기가 지닌 고정관념을 똑

바로 바라볼 수 있어야 한다는 것입니다. 그것이 고정관념에서 해방되기 위한 첫 번째 전제조건이기 때문입니다. 그것이 바로 진짜 자기와 관념에서 나온 가짜 자기를 구별하는 깨달음의 시작입니다.

생산적이지 못한 고정관념들은 셀 수 없이 많습니다. 노래방이란 소리만 나와도 슬금슬금 눈치를 보고 주눅이 드는 사람은, 어렸을 적 음치라고 톡톡히 망신을 당한 경험이 있을지도 모릅니다. 그래서 '노래 = 창피' '노래 = 수치심'이라는 자동응답 시스템이 가슴 한구석에 저절로 자리잡게 된 것인지도 모릅니다. 눈꼬리가 아래로 처진 사람에게 사기를 당한 경험이 있는 사람은 눈꼬리가 아래로 처진 사람만 보면 기분 나빠 합니다. 코끝이 늘 빨갛던 주정뱅이 남편에게 내내 당하다가 간신히 이혼을 한 여인은 주위에서 코끝이 빨간 남자만 보면 괜스레 자리를 피할 수도 있습니다.

자신의 경우를 곰곰이 생각해보십시오. 떠올리고 싶지 않은 기억일수록 그 기억은 우리 뇌의 가장 깊숙한 곳에 똬리를 틀고 앉아 고정관념을 생성합니다. 고정관념은 스스로 지어낸 창살 없는 감옥입니다. 감옥이라는 명찰만 없을 뿐 우리의 행동을 옥죄는 것은 실제 감옥보다 더할지도 모릅니다. 고정관념을 깨지 않으면 평생을 그 고정관념의 틀 속에 갇혀 감옥살이를 해야 합니다. 크고 작은 고정관념들이 뇌간의 무한한 잠재능력들을 나오지 못하도록 가두고 있습니다. 그 길이 아닌 줄 알면서도 자기도 모르게 부정적인 말과 행동들이 습관처럼 튀어나오게 됩니다. 전화기의 자동응답기ARS처럼 말입니다. 여러분에게는 어떤 고정관념들이 있습니까? 그 고정관념의 벽은 얼마나 단단한가요? 고정관념의 벽을 허무는 것은 스스로에게 자유의 날개를 달아주는 일입니다. 작은 것부터 하나씩 고정관념을 깨뜨려 나가면 결국 감옥에 갇혀 있는 자기 자신을 구출하게 됩니다. 감옥 안에 갇혀 있으면 아무것도 이룰 수가 없습니다.

우리 모두가 내심 중요하게 여기고 있는 한 가지 물건에 대해서 생각해봅시다. 그것이 무엇일까요? 바로 돈입니다. 돈에 대해서 여러분께서는 어떻게 생각하고 계십니까?

그저 종잇조각에 불과하지만 그것이 갖고 있는 에너지는 무시할 수 없습니다. 인간의 품위라는 것도 현실에서는 돈을 어느 정도 갖고 있느냐와 깊은 상관관계가 있습니다. 전용기사가 모는 고급 승용차를 타고 오는 손님과 경차를 타고 오는 손님을 달리 대접하는 호텔 안내자들의 모습을 보며 혀를 끌끌 차면서도, 우리 역시 그 사람이 가진 부의 정도에 따라 사람을 달리 보는 습관은 없는지 돌아보아야 할 것입니다. 많은 사람들이 돈에 대해 이중적인 태도를 갖고 있습니다. 돈이 거의 만능이나 마찬가지인 시대에 살면서도 한편으로는 '그까짓 돈' '돈만 밝히는 사람' 하면서 돈에 대해 무시하는 태도를 동시에 지니고 살아갑니다. 그러면서도 정말로 초연한 태도를 가지기는 어려운 것이 현실입니다. 돈을 경시하자는 이야기도 돈에 대해 초연하자는 이야기도 아닙니다. 돈에 대한 우리 자신의 잘못된 고정관념이나 편견에서 벗어나는 것이 중요하다는 이야기를 하고 싶은 것입니다.

어렸을 적에 궁핍과 가난으로 곤란을 겪었던 사람들은 돈을 번다는 것이 얼마나 힘든 일인 줄 뼈저리게 알고 돈에 집착하지만, 그것이 정상적인 태도는 결코 아닙니다. 반대로 쉽게 돈을 벌고, 그래서 당연하다는 듯이 누리고 사는 사람도 있습니다. 흥청망청 조금도 어려움을 겪지 않고 어린 시절을 보낸 사람 역시 돈의 가치에 대해 올바른 태도를 지니기가 쉬운 일은 아닙니다.

우리가 가지고 있는 돈에 대한 고정관념은 우리 자신과 돈과의 관계를 결정합니다. 만약 돈이 잘 벌리지 않는다면 돈에 대한 스스로의 태도를 한번쯤 돌아보십시오. 혹시 "그까짓 돈쯤이야, 돈을 추구하는 것은 상스러운 일이야!" 하는 태도를 갖고 있는 것은 아닌지요? 아니면 "돈은 아무나 버나?" 하고 돈 벌기란 힘들고 어려운 일이라는 고정관념에 사로잡혀 있는 것은 아닌지요? 내게는 돈이 잘 붙지 않는다거나, 이번 직업으로는 돈 벌기 틀렸다거나, 송충이는 역시 솔잎이나 먹어야지 별수 있느냐는 식으로 고정관념을 쌓아두면 아무리 시간이 가도 돈을 벌수가 없습니다.

고정관념은 실패를 부른다

우리에게는 돈에 대한 개인적인 고정관념뿐만 아니라 사회적, 국가적인 고정관념들이 있습니다. 사회적인 병폐로 누누이 지적되는 혈연, 지연, 학연 등의 연줄에 대한 집착이나 지역감정과 같은 것이 이에 해당합니다.

"우리 회사가 세계적인 기업이 되겠다고? 이미 대기업들이 시장을 다 장악하고 있는데 뭘 어쩌겠다는 거야. 세계는커녕 국내 1위도 힘들걸?"

"우리 민족은 틀렸어. 아마 일본을 따라잡으려면 20년은 족히 걸릴 거야."

이런 부정적 고정관념들이 사회적, 국가적으로 작용하면 그 파급효과는 엄청납니다. 그러나 그렇게 멀리 나아갈 것까지도 없습니다. 내가 가진 고정관념들을 타파함으로써 내 삶을 즐겁고 유쾌하게 만들 수 있다면 그것이 사회적, 국가적인 고정관념을 극복하는 첫걸음이 될 것입니다.

고정관념에서 벗어나기 위해서 우리가 첫 번째로 할 일은 정직하게 그것을 바라보는 일입니다. 우물 안의 개구리 신세를 면하려면 먼저 자신이 우물에 갇혀 있다는 것을 알아야 하지 않겠습니까? 그래야 바깥세계에 대한 관심도 생기고 어떻게 해야 빠져나갈 수 있을지를 궁리하게 되겠지요. 혹시 우리는 컵 속의 벼룩처럼, 환경이 바뀌었는데도 불구하고 아직도 유리 뚜껑에 부딪힐 것이 두려워 높이뛰기를 주저하고 있는 것은 아닐까요?

많은 기업에서 인재를 양성하기 위해 여러 가지 노력을 기울이고 있습니다. 그러나 어쩌면 우리는 타고난 농구선수를 야구선수로,

또 타고난 축구선수를 수영선수로 양성하겠다고 훈련을 시키면서 "우리 회사에는 왜 이리 인재가 없지?"라고 푸념하고 있는지도 모르겠습니다. 만약 경영자나 자기 스스로가 이러한 타고난 자신의 달란트를 정확히 알아차리고 개발시켜 나간다면, 그러한 장점들이 조직에서 적재적소에 배치되어 쓰여 진다면 모든 사람들이 인재로 양성될 가능성은 훨씬 커질 것입니다. 그래서 나는 각자가 가진 다양성과 차이점을 인정할 것을 이야기합니다. 다양성과 차이를 이해하고 인정하지 않으면 그것은 곧 갈등이 됩니다. 아름답게 물든 가을의 단풍산을 보면, 형형색색 다른 빛깔과 형태들이 그대로 어울려서 조화를 이루고 있습니다. 서로 다른 모양을 잘라내서 억지로 같게 만들려고 하는 것이 아니라, 아름답게 단풍 든 가을산처럼 서로의 다양성과 차이를 진정으로 이해하고 인정할 때 'balance&harmony', 즉 균형과 조화가 이루어질 수 있습니다.

기업에서 한마음 교육을 많이 하지만, 진정한 한마음은 같아질 것을 강조하기보다는 서로의 다양성과 차이점을 진정으로 이해하고 인정하는 것으로부터 시작됩니다. 진정한 사랑은 진정한 이해 속에서 나오기 때문입니다. 그렇게 모든 갈등이 서로의 고정관념의 차이에서 오는 것이라는 것을 인정하고 서로를 이해할 때, 개인이든 기업이든, 스스로 갖고 있는 고정관념의 틀에서 벗어나 뇌간에 잠들어 있는 95% 무한능력을 깨울 수 있게 되는 것입니다.

나를 가두면 암이 된다

언젠가 과학 잡지에서 암세포에 대한 기사를 읽은 적이 있습니다. 암은 병균이 침투해 생기는 병이 아니라, 정상세포가 어떠한 이유로 다른 세포와의 교신이 차단되면 암세포가 된다고 합니다. 나는 이 암의 특성에 관한 기사를 보면서 기업과 조직에서 발생하고 있는 여러 가지 문제점의 본질에 대해 생각해볼 수 있었습니다. 그런데 참으로 신기하게도 우리말은 이 암세포가 발생되는 원리를 정확하게 표현하고 있습니다. '나'를 뜻하는 '아我'를 'ㅁ'로 가두어버리면 '암'이 되는 것입니다. 나를 가두고 닫으면 암이 된다는 뜻이지요. 조직에서도 나를 닫고 개방하지 않는 개인과 조직은 암적인 존재가 되기 쉽다는 것입니다. 그러면 일단 정상세포와 암세포의 차이점에 대해 살펴보도록 하겠습니다.

정상세포	암세포
몸 전체를 위해 일한다	자신만을 위해 일한다
다른 세포와 대화 통로를 갖고 있다	다른 세포와 대화 통로가 없다
질서 정연하게 층을 이루며 조직화된다	무질서하게 서로 엉키며 덩어리가 된다
영양을 공급해주면 몸이 필요로 하는 물질을 생산해 다시 돌려준다	영양분을 받으면 자신만의 성장을 위해 쓰고, 아무것도 되돌려주지 않는다

〈표〉 정상세포와 암세포의 비교

위의 표에서 알 수 있듯이 암세포와 정상세포의 가장 큰 차이는 몸 전체에 대한 감각이 있는가 하는 점입니다. 암세포의 행동을 보면 자기 자신이 살기 위해 옆의 세포와 조직들을 파괴시켜 나갑니다. 암세포의 이러한 행동은 몸이 죽어 없어지면, 결국은 자신도 따라 죽을 수밖에 없다는 것을 알지 못하는 데서 비롯되는 것입니다.

이런 원리를 표현한 또 하나의 우리말이 있습니다. '나쁜 사람' '좋은 사람' 이라는 말입니다. 나쁜 사람은 나뿐인 사람, 이기적인 사람이라는 뜻입니다. 나뿐인 사람은 암에 걸리게 되어 있습니다. 어떤 사람은 참 사람 좋다고 하는데도 암에 걸리는 사람이 있습니다. 그 사람도 역시 나뿐인 사람이기 때문입니다. 나를 닮은 사람입니다. 화가 나도, 슬픈 일이 있어도 겉으로 웃으며 속내를 닫고 끙끙대다가 암에 걸리는 것입니다. 정말 좋은 사람은 사람 사이에서 겉이든 속이든 서로 교류하면서 사는 사람입니다.

나만 아는 사람, 나쁜 사람은 암세포와도 같습니다. 우리가 생로병사의 과정을 겪듯이, 세포 역시 생성과 성장과 소멸의 과정을 겪습니다. 아무리 중요한 세포라도 자신에게 주어진 역할이 끝나면 세포들은 스스로 자폭하여 주위 세포들에게 영양분을 제공해줍니다. 그럼으로써 또 다른 역할을 가진 세포로 새롭게 탄생하는 것입니다. 그것이 전체와 조화를 이루며 사는 정상적인 세포, 좋은 세포입니다. 그런데 자신의 역할이 끝나도 죽지 않으려고 몸부림을 치는 세포들이 있습니다. 현재 자기의 역할을 고집하는 것입니다. 이런 세포들은 오히려 자기 주위에 막을 형성하여 주위의 세포와 자신을 격리시킬 뿐 아니라 주위의 영양분을 독식하여 자기 자신만 점점 더 몸을 크게 부풀립니다. 그것이 바로 암세포입니다. 어쩌면 이제까지 우리가 살면서 받아온 교육은 '나쁜 사람'이 되기 위한 교육이었을지도 모르겠습니다. 나뿐인 사람, 자기뿐인 사람이 되기 위한 교육이었다는 뜻입니다. 왜 공부를 합니까? 왜 좋은 대학에 들어가려고 그렇게 애를 쓰는 것일까요? 모두가 자기를 위해서입니다. 많은 부모들이 자녀들에게 공부를 잘해도 그냥 잘하는 것이 아니라 '남보다 출세하기 위하여, 남보다 더 잘 살기 위하여' 공부를 하라고 교육을 시킵니다. 우리의 교육제도는 '공부해서 남주냐?'는 식이었습니다. 그러나 이제는 바뀌어야 합니다. 나뿐인 사람에서 벗어나야 합니다. 내 것이 소중한 만큼 남의 것도 소중함을 깨달아야 합니다. 이제 공부해서 남을 주어야 진짜로 잘 살고 성공하는 시대가 왔습니다.

우리는 IMF라는 호된 철퇴를 맞은 적이 있고, 그 여파는 아직도 우리의 생활 깊숙이 아픈 상처를 남겨놓고 있습니다. 우리가 경제위기를 맞게 된 데는 여러 가지 이유가 있겠지만, 사실 그 근본을 살펴보면 국가 전체를 생각지 못하고 자신만의 이익을 위해 저질러진 온갖 부정부패와 이기주의 때문이 아닐까요? 자신의 이익을 위해 저지른 행동이지만, 국가경제가 무너지는 상황이 발생하고 나니, 개인과 기업의 경제는 함께 무너지고 마는 것입니다.

생명현상이 있는 곳에는 어디에나 이런 증상이 나타납니다. 내 몸 속에서도 이런 현상이 있고, 사회에도 국가에도 이런 현상이 있습니다. 기업도 마찬가지입니다. 경영을 잘못하여 회사가 부도 일보 직전에 가 있고, 회생이 불가능한데도 엄청난 금액의 로비자금을 뿌려대며 정치인들과 고급관료들을 다 동원하여 융자를 받아내고, 그 돈으로 재투자를 하고, 재무구조는 더욱 악화되고, 결국 갈 데까지 갔다가 마지막에는 화의를 신청하고, 기업의 부채는 고스란히 국민들의 부담으로 되돌아오고, 국가재정은 적자를 내게 되고, 차관을 빌려오고, 국고는 바닥나고, 국가 신용도는 떨어지고, 외국 투자자들은 빠져나가고, 쓰러지는 기업들이 속출하고, 실직자들이 쏟아져 나오고……. 참으로 이런 기업들은 암세포와 같은 존재입니다. 이런 기업들은 제 스스로를 죽일 뿐 아니라 결국엔 나라 전체를 힘들게 합니다. 나 혼자 잘 살겠다고 아무리 몸부림쳐도 나라가 망하면 기업도 더 이상 존재할 수 없습니다. 기업 내에서 발생하고 있는 크고 작은 문제들 역시 결국은 전체와 내가 하나라는 것을 체감하지 못하기 때문에 생기는 것입니다.

그러나 다행스러운 것은 자연의 원리가 비정상적인 세포가 되는 것보다는 정상세포가 되는 것이 훨씬 쉽다는 것입니다. 예를 들어 인간이 가축을 기르기 전에는 돼지들은 모두 산에 사는 멧돼지들이었습니다. 멧돼지는 집돼지와 달리 식량을 구하기 위해 날카롭고 긴 송곳니를 가지고 있습니다. 그런데 인간이 멧돼지를 집돼지로 길들이면서 서서히 송곳니가 퇴화하게 된 것입니다. 집돼지의 송곳니가 퇴화되는 데는 30대에 걸쳐 300년이라는 긴 시간이 걸렸습니다. 그런데 집돼지를 다시 산속으로 보내서 적응하게 하면 불과 3대 정도만 지나도 다시 멧돼지와 같이 뾰족하고 긴 송곳니가 나온다는 것입니다. 암세포 역시 그렇습니다. 암이 겉으로 드러나기에는 어느 날 갑자기 발병한 것으로 보이지만, 보통 암이 발병하려면 적어도 15년 이상 지속적인 스트레스가 가해져야 한다고 합니다. 직장인들 중에 40대 후반에 암에 걸리는 사람들이 많은 이유가 바로 여기에 있습니다. 그런데 에너지 요법으로 암을 치료하게 되면 3년이 채 걸리지 않아 정상세포로 환원시킬 수도 있다고 합니다.

지금 우리 기업과 사회에는 많은 문제들이 누적되어 있습니다. 수십 년간 누적되어 온 사회적 병폐를 해소하기에는 너무 늦었다고 이야기하는 사람들도 있겠지만, 암세포가 치유되는 데 걸리는 시간이 발병하는 데 걸리는 기간의 5분의 1이면 된다는 점을 생각해보면 우리의 앞날은 충분히 희망적이라고 할 수 있습니다. 그러기 위해서는 의심과 두려움이란 고정관념의 틀을 버리고 의식의 창을 키워, 우리 모두가 본디 하나이기 때문에 상대방을 해하는 것이 곧 나를 해하는 것이고 상대방의 아픔이 나의 아픔임을 깨달아야 합니다. 이름과 성별과 나이와 부서가 모두 다르지만, 보이지 않는 의식의 차원에서 우리 모두가 하나임을 깨달았을 때 기업, 사회, 국가, 인류는 완전한 건강을 회복하게 될 것입니다.

긍정의 직감을 믿고 따르라

긍정적 의식을 써야 한다는 것을 알면서도 그렇게 되지 않는 것은 우리가 유전적으로 타고난, 혹은 자라면서 교육과 환경에 의해서 학습된 '고정관념' 때문에 그렇다는 것을 알았습니다. 바로 그 고정관념이 우리 뇌의 신피질과 구피질에 의심과 두려움의 장벽을 쌓아 100% 무한 잠재능력의 보고인 뇌간의 출입구를 막고 있는 것입니다. 그러한 고정관념을 극복하는 출발점은 모든 사람이 나와 같지 않다는 것, 서로 견해와 시각과 타고난 성격유형이 다르다는 것을 인정하는 것입니다. 서로간의 다양성과 차이를 진정으로 이해할 때, 너와 내가 함께 균형과 조화를 이루는 진정한 최선, Win-Win이 가능하고 전체가 하나가 될 수 있다는 것도 깨달았습니다. 이제 남은 것은 여러분 자신의 선택입니다. 유니넷을 통해서 아무리 좋은 정보가 내려와도, 그 중에 어떠한 정보를 선택할 것이냐 하는 것은 스스로의 선택입니다. 원래 우리가 몰라서 못 하는 것은 별로 없습니다. 우리는 이미 어떠한 의식과 정보를 선택해야 하는지 다 알고 있습니다. 그래서 우리의 마음속에 밝은 마음, '양심良心'이 있다고 했습니다. 더 좋은 세상이 있는지 알면서도 지금까지 살아온 세상마저 잃게 될까 봐 두려워 용기를 내지 못합니다.

건강과 성공, 그리고 행복은 선택의 결과입니다. 성공한 사람과 그렇지 못한 사람의 차이는 이미 알고 있는 그것을 용기를 내어 선택하느냐 아니냐 하는 것입니다. 선택할 수 있다는 것은 신이 인간에게 내려주신 선물입니다. 하늘은 실로 우리가 원하는 바를 다 들어주게 되어 있습니다. 그러나 그 결과가 언제나 긍정적인 것은 아닙니다. 호박씨를 뿌리면 호박이 열리지 수박이 열리지 않습니다. 호박씨를 뿌려놓고 수박이 열리기를 기다린들 수박이 열릴 리가 없습니다. 모든 것은 뿌린 대로 거두게 되어 있습니다. 지금 이 순간 내가 서 있는 자리는 과거에 내가 뿌린 씨의 영향 때문에 이렇게 서 있는 것입니다. 지금 내가 가진 힘의 합은 내가 과거에 뿌린 씨들이 맺은 열매의 합입니다. 지금 이 생에서 내가 받은 재능과 달란트가 있다면 그것은 내가 전생에서 뿌린 씨의 열매라고 해야 할 것입니다.

모차르트는 세 살 때부터 피아노를 기막히게 쳤는데 나는 왜 안 될까요? 누구는 부잣집 자식으로 태어나 별다른 고생 없이 하고 싶은 공부를 마음껏 할 수 있는데, 나는 왜 가난한 집안에서 태어나 소질이 있어도 그 소질을 마음껏 키울 수가 없을까요?

나타나는 현상만을 본다면 하늘은 결코 공평하지 않습니다. 가진 자와 없는 자의 차이가 너무나 큽니다. 하지만 뿌린 대로 거둔다는 원칙의 측면에서 본다면 하늘은 한 치도 어긋남이 없습니다. 그러기에 불교에서는 "당신의 전생이 궁금하면 당신의 현재를 보라. 당신의 다가올 생이 궁금하면 당신의 현재 생을 보라."고 합니다. 원망할 대상은 아무것도 없습니다. 모든 것은 당신 스스로가 씨를 뿌렸고, 지금 그 열매를 거두고 있으며, 미래를 위해 오늘도 씨를 뿌리고 있습니다. 그리고 어느 것 하나 헛된 것은 없습니다. 이번 생에서 열매를 거두지 못한다면 다음 생에서는 필연코 열매를 거두게 될 것입니다. 이번 생에서 거두는 열매가 보잘것없다면 다음 생에는 틀림없이 실한 열매를 거두게 될 것입니다.

이 우주는 철저한 거래법칙에 의해 움직이고 있습니다. 우리는 지금 이 순간 우리 자신의 생각과 말과 행동에 대해 책임을 져야 합니다. 우리의 생각과 말과 행동은 우리 자신뿐만 아니라 우리의 이웃에게도 영향을 미치게 마련이고, 그것은 또한 고스란히 자기 자신에게로 되돌아옵니다. 우리는 매 순간 천당과 지옥을 창조하고 있습니다.

만약 여러분이 수박을 원한다면 수박씨를 뿌리십시오. 우리가 원하는 것에 응해줄 수 있도록 하늘은 늘 준비되어 있습니다. 세상일은 벽을 향해 공을 던지는 것과 같습니다. 우리가 남에게 준 상처는 고스란히 우리에게로 되돌아옵니다. 우리가 남에게 준 도움 역시 일정한 질량이 채워지면 고스란히 우리에게로 되돌아옵니다. 세게 던지면 세게 던진 만큼, 약하게 던지면 약하게 던진 만큼, 우리가 던진 방향 그대로 돌아오진 않더라도 우리가 힘을 준 꼭 그만큼 공이 우리에게 다시 돌아오는 것은 분명한 사실입니다.

여러분은 지금 세상이라는 밭을 향해 어떠한 씨를 뿌리고 있습니까? 우리의 마음은 본래 열려 있고, 선한 의지로 가득 차 있고, 하늘과 통하게 되어 있습니다. 그럼에도 우리가 하늘과 통하지 못하는 것은, 우리의 관념이 하늘과 통하는 길을 가로막고 있기 때문입니다. 이미 우리 머릿속에 하늘이 내려와 있는데도 하늘의 뜻을 알지 못하는 것은, 우리의 작은 자아가 앞장서서 제 목소리를 내며 큰 자아의 발현을 방해하기 때문입니다. 무엇이 옳은 길이고 무엇이 진실로 이익이 되는 길인지, 우리의 큰 자아는 이미 알고 있습니다. 여러분께서는 어떤 자아를 선택하시겠습니까?

우리가 사는 우주는 우리에게 무한한 부와 풍요로움을 가져다줄 수 있습니다. 그 무한한 부와 풍요로움을 모두 써버린다는 것은 불가능합니다. 우리는 이 인생의 풍요로움을 누릴 만한 충분한 자격과 능력을 갖추고 있습니다. 우리가 누리기에 너무나 과분한 일은 이 세상 어디에도 없다는 것을 기억해야 합니다. 숨을 깊이 들이쉬고 내쉬십시오. 숨구멍 하나하나를 통해 부와 풍요로움이 들어온다고 생각하십시오. 맑고 밝은 파워의 에너지로 여러분의 온몸을 가득 채우시고, 마음 구석구석에 숨어 있는 어두운 에너지는 모두 몰아내십시오. 용기를 내서 온 우주에 흘러넘치는 무한한 부를 누릴 수 있는 거래를 시작하십시오.

오링O-ring 테스트

인간의 의식수준 17단계는 '운동역학' 원리에 의한 수백만 번의 임상실험을 통해 증명된 것입니다. 이를 통해 우리가 얻을 수 있는 중요한 사실은, 우리 몸이 우주 에너지와 연결되어 있으며 모든 것을 알고 있다는 것입니다.

만약 우리가 알고 싶은 어떠한 질문이든, 우리 자신의 몸을 통해 '예' 혹은 '아니오'로 간단히 답을 얻을 수 있다면 어떨까요? "이 용의자는 죄가 있는가?" "이번 사업계획서는 성공할 것인가?" "이 것은 안전한 투자인가?" "내 애인은 다른 남자를 사귀고 있는가?" "이 수표는 진짜인가?" 이런 질문에 대한 답을 우리 모두가 정확히 알게 된다면 어떤 일이 벌어질까요? 말을 배우기 시작하면서부터 거짓말을 배우게 되는 현실에서 이런 일이 일어난다면, 일상생활의 모든 면들에서 큰 변화가 일어나게 될 것입니다.

신체운동학으로 번역되는 '키네시올로지kinesiology'는 이러한 일이 가능하다는 것을 보여주고 있습니다. 이는 '운동'을 뜻하는 그 리스어 kinesis에서 유래한 말로서, 신체의 조건에 따라 달라지는 근 육과 그 움직임에 대한 학문입니다. 신체운동학은 20세기 후반, 조 지 굿하트George Goodheart 박사의 '응용운동역학' 연구에 의해 처음으로 과학적인 조명을 받았습니다. 그는 우리의 몸이 좋은 물질 에 의한 자극에는 근육의 힘이 증가하는 반면, 해로운 물질의 자극 에는 근육의 힘이 현저히 약해진다는 사실을 처음으로 발견했습니 다. 이러한 실험은, 이성적인 판단으로는 알 수 없는 경우에도 인체 의 근육은 어떤 음식이 몸에 좋고 나쁜지를 '이미 알고 있음'을 암 시하고 있습니다. 그리고 존 다이아몬드John Diamond 박사는 '행 동운동역학'의 연구를 통해 이를 더욱 발전시켰습니다. 그는 음식 등의 물질적인 자극뿐만 아니라 감정적이고 지적인 자극에도 근육이 강화되거나 약화된다는 놀라운 사실을 발견했습니다. 예를 들어 미소는 근육을 강화시켰고 '나는 너를 미워한다.'는 말은 근육을 약화시켰습니다. 허위 사실을 들을 때는 근육이 약화되었고 증명된 진실을 들을 때는 강한 반응을 보였습니다. 더욱 놀라운 것은, 피험자가 시험 내용이나 문제를 모르더라도 근육은 그대로 반응을 한다는 것입니다. 예를 들어 봉투 속에 무엇이 들었는지 피험자가 모르더라도 인공감미료가 든 봉투를 받아든 사람은 약한 반응을 보였고 몸에 좋은 약 봉투를 받아든 사람들은 거의 예외 없이 강한 반응을 보였다는 것입니다. 앞에서 설명한 의식수준표는 이러한 근육반응 실험에 의해 측정된 것입니다. 그런데 이처럼 참과 거짓, 긍정적인 에너지와 부정적인 에너지에 대한 반응은 비단 인간의 근육에서만 보이는 것은 아닙니다. 나는 자식에게, 친구에게, 남편이나 아내에게, 에너지를 불어넣는 말과 행동을 했는지, 아니면 에너지를 빼앗는 말과 행동을 했는지 가만히 한번 돌아보십시오. 화가 난 나머지 남편이나 아내를 향해 진심으로 "꽉 죽어버려라!"라고 악담을 했다면, 그 사람은 머지않아 진짜로 시름시름 앓거나 우연한 사고로 죽게 될 수도 있습니다. 말이 씨가 되어 진짜 현실이 되어버립니다.

 따라서 우리는 늘 진심으로 좋은 에너지를 써야 합니다. 본성에서, 자아에서 우러나오는 행동을 하게 되면 일이 저절로 통하게 됩니다. 긍정적인 사고를 가지라고 교육도 많이 하지만 좋은 생각, 좋은 말, 좋은 행동을 해야 하는 이유는 바로 여기에 있습니다. 긍정적인 생각과 말과 행동은 그 사람을 건강하게 하고, 행복하게 만듭니다. 좋은 의도를 담은 사업기획서는 좋은 에너지를 발생하여 성공하게 하고, 나쁜 의도를 담은 기획서는 조직원들의 힘을 줄줄 빼서 결국 실패하게 하는 것입니다. 그것이 판가름 나는 것은 시간문제일 뿐입니다. 여러분께서는 어떤 의식과 에너지를 선택하시겠습니까? 어떤 답을 선택하시겠습니까?

● ● ● 근육 반응을 통한 오링 테스트(O-ring Test)

'오링 테스트의 원리를 응용하여 개발한 몇 가지 실험을 합니다. 원래 오링 테스트는 내 체질에 맞는 음식과 맞지 않는 음식을 고르는 방법으로 고안된 것이나, 여기서는 의식수준이 내 몸에 어떤 영향을 미치는지를 알아보는 방법으로 쓰입니다.

이 실험은 두 사람이 함께하는 실험입니다. 먼저 실험을 하기 전에 시계, 반지, 목걸이 등 금속성을 가진 부착물들을 옆으로 풀어놓습니다. 정확한 에너지의 전달에 방해가 될 수 있기 때문입니다. 그리고 몸에 좋은 음식물과 좋지 않은 음식물을 몇 가지 준비합니다.

피험자가 오른손 엄지와 검지를 붙여 동그란 고리 모양(O-ring)을 만든 후, 떨어지지 않도록 힘을 최대한 꽉 줍니다. 이제 상대방은 양쪽 검지를 고리 사이에 집어넣어 양 옆으로 당겨보면서 피험자의 힘을 측정해봅니다. 이때 중요한 것은 고리가 떨어지느냐 아니냐보다는 상대방의 힘이 어느 정도 되는지를 측정해보는 겁니다.

피험자가 몸에 좋다고 생각되는 야채나 과일을 왼손으로 잡고 명치쪽에 갖다 댑니다. 그리고 오른손으로 오링을 만든 후 최대한 힘을

줍니다. 상대방이 당겨봅니다. 어떻습니까? 그 힘의 정도를 기억해
두십시오.

반대로 피험자가 몸에 좋지 않다고 생각되는 음식, 인공조미료나 담
배 등을 잡고 오링을 만들어서 다시 떼어봅니다. 어떻습니까? 몸에
좋은 음식을 잡았을 때는 손가락의 힘이 세어지고 반대의 경우에는
힘이 현저히 약해지는 것을 느낄 수 있을 겁니다.

이번에는 피험자가 먼저 좋은 생각을 하도록 하십시오. 아주 좋았던
일이나 단어, 사랑하는 사람의 모습을 떠올려봅니다. 그렇게 좋은
이미지를 떠올린 다음, 상대편에게 당기라고 하십시오. 어떻습니까,
어떤 일이 벌어졌습니까? 엄지와 검지손가락이 좀처럼 떨어지지 않
을 겁니다.

반대로 부정적인 의식을 실험해보십시오. 당신은 누군가를 지독히
도 미워하고 있습니다. 가장 좋지 않은 일들을 떠올리십시오. 그리
고 상대방에게 잡아당기도록 하십시오. 놀라셨을 겁니다. 이렇게 쉽
게 손가락이 떨어지다니……. 몸에 해로운 음식, 예를 들어 인공조
미료 같은 것을 머릿속에 떠올리고 실험해보아도 마찬가지 결과를
가져올 것입니다.

자만심, 분노, 욕망, 무기력, 죄의식, 수치심 등의 이미지는 모두 부
정적인 에너지입니다. 분노로 가득 차 있을 때 몸에 힘이 들어가는
것 같지만, 사실은 온몸의 근육에서 힘이 줄줄 새어나갑니다. 화를
내고 나면 다리가 후들거리고 몸이 떨리는 것은 순간적으로 몸에서
에너지가 빠져나갔기 때문에 그런 것입니다. 혈이 닫혀서 우주의 에
너지와 멀어지는 겁니다.

좋은 생각들은 우리 몸에 강력한 힘을 줍니다. 좋은 생각을 하고 있는 사이, 우리 몸의 근육들은 생기로 가득 차 있습니다. 기쁨, 사랑, 평화, 포용, 용기, 자발성 등의 이미지는 모두 긍정적인 에너지를 불어넣어 주는 것들입니다. 그런 마음으로 가득 차 있을 때, 우리는 이 우주의 넘치는 에너지와 통하고 있는 것입니다.

긍정적인 생각은 우리 몸에 생기를 불어넣어주지만, 부정적인 생각은 우리 몸에서 힘을 빼내갑니다. 사람의 생각과 말과 행동은 이처럼 무서운 것입니다. 양파를 물에 담가놓고 한쪽 양파에게는 매일같이 사랑의 말을 속삭여주고, 다른 쪽 양파에게는 매일같이 "에이, 죽어버려라!" 하는 증오의 말을 던져보십시오. 일주일만 지나면 확연히 달라지는 걸 느끼실 수 있을 것입니다. 하찮은 양파도 이런 반응을 하는데 사람은 어떠하겠습니까?

Having-Doing-Being!

실행전략 05

1. 거짓된 에너지 포스Force를 버리고 긍정의 에너지 파워Power를 활용하라.
2. 나를 그릇된 길로 이끄는 고정관념과 편견을 버려라.
3. 다양성과 차이에 대한 진정한 이해를 가져라.
4. 남에 대한 사랑은 나에 대한 사랑에서 나오는 것임을 명심하라.

step 4 100% 의지를 갖고 끝까지 행동하라

오래전 신문에 믿을 수 없는 기적 같은 일이 기사화된 적이 있었습니다. 반신불수의 중풍 환자들이 입원해 있는 한 병실에서 실제로 일어난 일입니다. 어느 날 중풍환자들의 병실에 커다란 뱀 한 마리가 나타났습니다. 그러자 평소 몸을 움직이지 못해 화장실 출입도 못 하던 환자들이 뱀을 본 순간 벌떡 일어나 병실 밖으로 달음질을 쳤다는 내용입니다.

생명의 위기에 처하자 환자들은 자신이 움직이지 못한다는 사실을 순간적으로 잊어버렸던 것입니다. 오직 살아야겠다는 마음만이 "나는 움직일 수 없다."는 의심과 두려움을 걷어내고 뇌간에 접속했고, 그 순간 상상하지 못했던 생명에너지가 중풍에 걸린 몸을 움직이게 한 것입니다. 살다 보면 우리는 이런 기적 같은 이야기들을 가끔씩 듣게 됩니다.

인간의 의지력은 실로 기적 같은 힘을 가지고 있습니다. 불가능을 가능으로 만드는 놀라운 힘이 우리 안에 있는 것입니다. '의지' 란 말은 '뜻 의意' 자에 '뜻 지志' 자로 이루어져 있습니다. 뜻이 두 번이나 있으니 '뜻이 있는 곳에 길이 있다.' 는 말입니다.

그러나 살아가면서 우리는 스스로의 뜻을 믿기보다는 길을 먼저 살피는 경우가 많습니다. "의지는 있었으나 방법이 좋지 않아서 실패했다."고 변명을 늘어놓으며, 스스로의 책임을 회피합니다. 실패는 과연 방법이 좋지 않아서 오는 것일까요?

프로그램 중에 의지와 방법의 비중에 대해 체험하는 시간이 있습니다. 처음에는 우리가 어떤 일을 할 때 의지와 방법 중에 어떤 것이 더 중요하겠냐고 질문해보면, 보통 절반 이상의 참가자들이 의지와 방법이 50 대 50의 비율로 같다고 대답합니다. 나머지 절반 중에 많은 분들이 방법이 더 중요하다고 손을 듭니다.

그런데 의지와 방법의 중요도에 대한 체험을 실제로 하고 나면, 거의 모든 분들이 의지가 100% 중요하다고 대답을 합니다. 방법이 중요하지 않다는 것이 아니라, 진정으로 의지가 있으면 100% 의지가 100%의 방법을 창조한다는 것을 깨닫게 되는 것입니다. 어떤 일을 하는 데 있어 더욱 본질적인 것은 방법보다는 의지이기 때문입니다.

'궁즉통窮則通' 이라는 말이 있습니다. 궁하면 통하게 되어 있다는 뜻입니다. 방법을 몰라도, 배우지 않아도 우리 몸은 살아야겠다는 의지만 있으면 어떠한 방법도 창조해낼 수가 있습니다. 뱀을 피해 벌떡 일어난 중풍환자가 스스로 일어나는 방법을 알아서 일어난 것일까요? 펄펄 끓는 뜨거운 물에 다섯 살배기 아이의 손을 집어넣었다고 해봅시다. 그 아이가 배운 적이 없다고 어떻게 뺄지 방법을 따지고 있겠습니까? 정말로 절실하게 살아야겠다는 마음만 있으면, 우리의 뇌는 모든 방법과 수단을 동원하게 되어 있습니다.

100% 의지가 100% 방법을 만든다

기업을 경영하는 것도 마찬가지입니다. 진정으로 비전을 이루어야겠다는 마음만 있으면 방법이 나오게 되어 있습니다. 그러나 궁극통이라고 해서, 생계를 위협하는 두려움이나 공포를 조성하라는 뜻은 절대 아닙니다. 요즘 변화해야 한다고 하는데, 대부분의 사람들이 변화하는 환경 속에서 살아남으려면 어쩔 수 없이 변화해야 한다는 식으로 두려움의 의식을 조성하기도 합니다. 두려움 때문에 이루어진 변화는 억지의 에너지인 포스의 에너지를 동반하므로 오래 지속될 수 없습니다. 자발적인 파워를 불러일으켜야 하는 것입니다.

우리는 흔히 "배워야 할 수 있다."는 고정관념 때문에 스스로의 의지로 할 수 있는 많은 일들을 포기하곤 합니다. 하지만 아이를 키우는 어머니가 방법을 배워서 자녀를 기릅니까? 내 아이를 정말로 훌륭히 키워야겠다는 어머니의 사랑이 훌륭한 아이로 자라게 하지 생명에 대한 인간의 무한한 의지력은 실로 기적 같은 일들을 창조하곤 합니다. 얼마 전 인터넷 서점 아마존 논픽션 부문 베스트셀러였던 『이것은 자전거 이야기가 아닙니다*It's Not About the Bike*』는 그러한 기적이 인간의 신념과 의지로 가능하다는 것을 믿게 합니다.

미국 텍사스 주 출신인 그는 미국은 물론 전 세계 사이클 대회를 휩쓸던 스타였습니다. 그러나 선수로서 절정에 달했던 1996년, 그에게 '고환암'이라는 충격적인 선고가 내려졌습니다. 혈기왕성한 스물다섯 살의 스포츠 스타에게는 너무나 가혹한 형벌이었습니다.

암은 이미 3년째로 접어들고 있었으며, 암세포가 온몸으로 퍼져 폐와 뇌조직까지 위협하는 상황이었습니다. 남은 방법은 고환을 제거하고 뇌까지 이어지는 수술과 항암치료밖에 없었습니다. 그것도 성공확률은 아주 낮았습니다. 받아들이기 힘들었지만, 부정할 수 없는 현실이었습니다.

그러나 그는 암과 싸울 것을 결심했습니다. 자기 생명과 사이클을 지키겠다고 마음먹은 그는, 기자회견을 자청하여 자신이 암에 걸린 사실을 말하고 반드시 완쾌해 사이클 트랙으로 돌아오겠다고 많은 사람과 약속을 했습니다. 그때부터 그는 희망만을 찾기 시작했습니다. '그나마 뇌가 수술을 할 수 있는 상태'라든가 '생존확률이 처음보다 높아졌다.'는 등의 희망적인 정보만을 크게 받아들이려고 애썼습니다.

폐를 다치지 않게 하기 위해 끔찍한 구토와 현기증을 수반하는 고통스런 치료법을 선택하면서도, 그는 자신에게 한 약속을 지키겠다는 신념을 버리지 않았습니다. 훗날 그의 투병을 지켜봤던 사람들은 불가능해 보이는 꿈을 끝내 포기하지 않았던 그의 정신력과 의지가 암을 이겨낸 가장 큰 요인이 되었을 것이라고 말했습니다.

잘 참아낸 항암치료 덕분에 병세는 눈에 띄게 호전되었고 결국 그는 약속한 사이클 선수로 되돌아왔습니다. 그리고 투르드 프랑스 대회에 참가한 그는 마침내 우승을 차지하게 되었습니다. 죽음을 극복한 그의 정신력을 이겨낼 사람은 아무도 없었던 것입니다.

이 책은 우리에게 기적은 저절로 일어나는 것이 아니라 꿈을 포기하지 않는 신념과 의지에 의해 만들어지는 것이라는 메시지를 전하고 있습니다.

않습니까? 경영도 마찬가지입니다. 나는 이것을 '어머니 경영'이라고 합니다. 배우지 않아도 자식을 사랑하듯 정말로 비전을 사랑하고 회사를 사랑하고 직원을 사랑하는 마음이 있으면, 방법은 저절로 나오게 되어 있습니다.

우리가 진정으로 원하는 것을 이루겠다는 의지가 의심과 두려움 없이 뇌간 안에 닿기만 하면, 우리의 몸은 그것을 이루기 위한 무한한 능력을 발휘하기 시작합니다. 100% 의지가 100% 방법을 만드는 것입니다. 100%의 방법은 결국 우리 자신 안에 있는 것이지요.

여러분께서는 혹시 이런 경험을 해보지 않으셨습니까? 영어회화 실력을 향상시키기 위해 열심히 테이프를 들었건만 전혀 나아지는 기미가 없습니다. 그러다 어느 순간부터 갑자기 소나무 가지를 흔드는 봄바람처럼 영어가 귓속으로 솔솔 들려오기 시작합니다.

수영을 배우는데, 물에 들어가기만 하면 매번 술이 가득 든 맥주병처럼 꼬르륵 가라앉기만 합니다. 그렇게 가라앉기를 몇 번이고 반복했더니 어느 순간 몸이 물 위로 스르르 떠오르기 시작합니다. 자전거 또한 처음 타면서 이리 비틀 저리 비틀거리며 계속 넘어집니다. 탈 수 있기는 한 건가 하는 의심이 드는데, 어느 순간 저절로 균형이 잡히면서 자전거와 몸이 하나가 된 듯 능숙하게 타게 됩니다.

이렇듯 무슨 일이든 필요조건이 충족되기 전까지는 아무 일도 일어나지 않습니다. 변화는 그 조건이 일정 수준 채워졌을 때 비로소 일어나기 시작하는 것입니다. 이렇게 변화를 일으키는 일정량의 에너지를 '임계질량'이라고 합니다.

모든 물질의 변화에는 '임계점'이 존재합니다. 가령 얼음이 물로 변하는 시기는 섭씨 0℃이고, 물이 수증기로 변하는 시기는 섭씨 100℃입니다. 아무리 빨리 물을 끓이고 싶어도, 지속적으로 열을 가해 온도가 섭씨 100℃가 되지 않으면 물은 끓지 않는 것입니다.

이 임계질량의 법칙은 누구나 쉽게 이해할 수 있는 자연법칙이지만, 실제로 이것을 삶에 적용하는 것은 그리 쉽지만은 않습니다. 물을 끓일 때는 온도계가 있어 현재 온도가 얼마나 되는지 알 수 있지만, 실제 일을 추진할 때는 온도계처럼 지금 내가 어디까지 와 있는지 알 수 있는 계측기가 없기 때문입니다. 이 때문에 수많은 사람들이 90℃에서 그만두기도 하고, 물을 끓이다 말다 끓이다 말다 함으로써 결국 체념과 실패의 늪으로 빠져버리는 것입니다. 아직 100℃가

되려면 멀었는데 "최선을 다했지만 안 되는 걸 어떻게 해?"라며 포기하는 일이 많습니다. 우리가 원하는 것을 이루기 위해서는 100℃가 될 때까지 계속해서 열을 가해주는 노력이 필요합니다. 일이 성사될 때까지 최선을 다하는 것, 이것을 우리는 '정성精誠'이라고 합니다.

실상 정성이라는 단어에는 보이지 않는 세계에 대한 우리 선조들의 깊은 지혜가 담겨 있습니다. 우리 몸의 세포는 계속해서 죽어나가고 또 새롭게 생겨나는데, 몸의 모든 세포가 한 번 바뀌는 주기가 바로 100일이라고 합니다. 우리 선조들은 오랫동안 몸에 밴 습관이 한 번 바뀌려면 최소한 100일 동안은 지속적으로 노력해주어야 한다는 원리를 이미 알고 있었던 것입니다. 조직 문화가 변하는 것도 그렇습니다. 교육을 하다보면 단시간 내에 크게 효과를 보고자 하는 분들도 있습니다. 그러나 아무리 좋은 교육이라도 그것이 조직의 문화에 정착되고 습관화되려면 최소한 100일은 지속적으로 정성을 들여야 하는 것입니다.

S전자의 사장님께서 이런 말씀을 하신 적이 있습니다.

"나는 교육을 받고 나서 회사에서나 집에서나 긍정적인 의식을 쓰려고 노력을 많이 했습니다. 그런데 그게 한 일주일쯤 지나니까 한계가 오더군요. 제가 잘해주니까 직원들이 저를 우습게 보는 것 같은 느낌도 들고, 전보다 게으름을 피우는 것 같기도 하고……. 그래서 차라리 옛날로 돌아가버릴까 하는 마음을 가진 게 한두 번이 아니었습니다. 그런데 기왕에 하는 거 끝까지 해보자, 하는 마음으로 저부터 교육받은 분위기를 이끌어갔죠. 그런데 한 석 달쯤 지났나? 회사 분위기가 갑자기 변해가는 게 눈에 보이기 시작하더군요. 누가 시키지 않아도 의견이 올라오고, 불량률도 줄고……. 무엇보다 우리 업계에서는 기술자들의 이직이 제일 큰 문제였는데, 교육 후에는 다른 회사로 옮기는 사람들이 거의 없어졌어요. 석 달이니까 100일 아닙니까? 100일 정성이라는 옛말이 틀린 말이 아닌 것 같아요."

요즘은 정화수를 떠놓고 정성을 들이는 사람도 없고, 또 그럴 필요도 없습니다. 단지 100% 의지와 신념으로 하고자 하는 일에 끝까지 몰두하는 것이 살아 있는 기도이며 최고의 정성입니다. 어느 순간까지는 보이는 성과가 나타나지 않겠지만, 포기하지 않고 끝까지 정성을 들이면 핵폭발처럼 기적적인 성과가 나타나는 때가 반드시 올 것입니다. 보이지 않는 에너지의 세계에서 분명히 물의 온도는 올라가고 있기 때문입니다.

자신감은 진정한 나를 만날 때 나온다

100% 의지와 신념을 갖고 끝까지 행동할 때 원하는 것을 이룰 수 있다면, 반대로 많은 사람들이 끝까지 의지를 내지 못하고 중도에 포기하는 이유는 무엇일까요?

'의지意志'는 내가 무엇을 이루고자 하는 뜻이고, '신념信念'은

'믿을 신信' 자에 '생각 념念' 자를 쓰니, 스스로가 가진 그 뜻을 믿는 마음입니다. 즉, 자기 자신을 믿는 마음입니다. 이것은 다른 말로 '자신감自信感' 이라고도 합니다. 자신감은 자기 자신을 내면으로부터 진심으로 믿을 때 나오는 것입니다. 자신감은 우리가 어떠한 일을 이루는 원동력이 됩니다.

그렇다면 우리는 살아가면서 왜 자꾸만 자신감을 상실하게 되는 것일까요? 그것은 우리가 언제 타인을 신뢰하고, 또 언제 신뢰하지 않는가를 살펴보면 알 수가 있습니다.

여러분은 평소에 자기와의 약속을 더 중요하게 생각하십니까, 아니면 타인과의 약속을 더 중요하게 생각하십니까? 이 질문을 던져 보면 90% 이상의 분들이 타인과의 약속을 더 중요하게 생각한다고 대답합니다. 왜 그럴까요? 타인과의 약속을 지키지 않으면 그 사람과의 신뢰 관계가 깨어지기 때문일 것입니다.

자기와의 신뢰도 마찬가지입니다. 자기와의 약속을 지키지 않을 때 자신과의 신뢰 관계가 깨어지는 것입니다. 그런데 우리는 대부분 자기와의 약속은 그다지 중요하게 생각하지 않는 경향이 있습니다. 내가 가진 몸이고 내가 소유한 마음이니 자신과의 신뢰는 쉽사리 깨어지지 않는다고 생각하기 때문이겠지요.

그러나 자신과의 약속을 하나 둘씩 어길 때, 우리가 원하는 것을 이루는 데 원동력이 되는 자신감은 점점 줄어들게 됩니다. 내면의 에너지가 고갈되어 가는 것입니다. 우리의 마음속에는 '에너지의

정주영 회장의 100% 의지력

얼마 전에 작고하신 현대그룹의 정주영 명예회장 역시 성공보다 실패를 더 많이 한 사업가입니다. 1970년대에 박정희 대통령이 그를 부른 적이 있었답니다. 당시 그는 조선소 일로 천문학적인 돈을 날려버린 직후였습니다. 박 대통령은 그 일을 상기하고 위로의 말을 건넸습니다. "사업 실패로 고생이 많습니다." 그러자 정주영 회장은 대수롭지 않게 허허 웃으며 대꾸했다고 합니다. "실패는 무슨! 비싼 등록금을 치른 거죠!"

그렇습니다. 실패는 실패로 인정하는 사람만이 하는 것입니다. 마음으로부터 실패를 실패로 받아들이지 않는 사람은 결코 실패하지 않습니다. 바로 그런 정신이야말로 우리가 원하는 성공을 이루는 원동력입니다. 100% 의지를 갖고 끝까지 행동할 때만이 우리가 원하는 비전을 이룰 수가 있습니다.

컵'이 있습니다. 이 에너지의 컵 속에는 긍정적 의식과 부정적 의식을 각각 대표하는 파워와 포스의 에너지가 담겨 있습니다. 우리가 건강한 의식상태에 있을 때, 이 컵 속에는 긍정적 에너지인 파워로 꽉 채워져 있습니다. 그런데 우리가 스스로 정한 약속을 지키지 않으면 컵 바닥에 하나 둘 구멍이 생겨서 파워의 에너지가 줄줄 새게 됩니다.

"이번에는 기필코 담배를 끊어야지!" "오늘부터 매일 1시간씩 영어회화 테이프를 듣겠어!" "약속한 기한 내에 보고서 작성을 끝마

148 간절함이 답이다

처야지!" 이런 크고 작은 약속들을 어길 때마다 보이지 않게 우리 몸에서 에너지가 줄줄 빠져나가고 있는 것입니다.

그렇게 에너지가 빠져나가면 가슴속이 갑자기 텅 비게 됩니다. 우리는 그것을 '텅 빈 가슴'이라고 표현합니다. 열심히 앞만 보고 달려왔는데, 나이가 들수록 가슴속이 공허하고 텅 빈 것처럼 느껴지는 것은 왜일까요? 남들이 원하는 대로 부모나 상사나 아내와의 약속을 지키려고 노력하며 살아왔지만, 정작 자신과의 약속은 지키지 못했기 때문입니다. 가슴 깊은 곳에 스스로 품었던 비전을 지키지 못했기 때문에 열심히 살고서도 가슴이 허전한 것입니다.

내면의 파워 에너지가 새어나가 가슴이 비게 되면, 우리는 그만큼 에너지를 채우려고 외부의 에너지를 끌어들입니다. 외부 에너지는 크게 세 가지로 나뉘는데, 천기天氣, 인기人氣, 지기地氣가 그것입니다. 그 중에서 제일 손쉽게 얻을 수 있는 것이 바로 지기입니다. 지기는 말 그대로 땅에서 나는 에너지입니다. 속이 상하거나 화가 나서 스트레스를 받으면 마구 먹어대는 사람들이 있습니다. 땅에서 나는 음식물을 먹음으로써 지기를 섭취하는 것입니다. 음식물뿐만 아니라 마약을 하는 것도 순간적으로 강력한 에너지를 얻고자 지기를 섭취하는 행동의 일종입니다.

밖으로부터 에너지를 얻는 방법 중에 또 한 가지는 인기를 얻어오는 것입니다. 인기는 말 그대로 다른 사람으로부터 나오는 에너지입니다. '인기 연예인'이라고 하지요? 연예인들은 자신을 좋아하는 팬들로부터 관심과 사랑을 받음으로써 많은 인기를 받습니다. 우리도 인기를 얻기 위한 여러 가지 행동들을 합니다. 다른 사람에게 잘 보이기 위해 신경 써서 옷을 입고, 액세서리를 하고, 머리를 다듬는 것 등이 다 인기를 얻기 위해 자기도 모르게 하는 행동들입니다.

에너지 쟁탈전의 악순환

인기는 다른 사람을 공격함으로써 얻어지기도 합니다. 가장 흔한 예로 연인간 또는 부부간의 자존심 싸움을 들 수 있습니다. 서로 자기 에너지를 뺏기지 않으려고 자존심을 내세우다가 한쪽이 승리하게 되면, 그 순간 패배한 쪽의 에너지가 상대방 쪽으로 이동하게 됩니다. 승리한 쪽은 순간적으로 에너지가 고양됩니다. 하지만 패배한 쪽은 갑자기 에너지가 수치심의 수준으로 내려앉게 되면서, 삶의 의욕을 잃고 무기력하게 됩니다.

그런데 이러한 패배자의 행동도 사실은 빼앗긴 에너지를 되찾고자 하는 본능적인 현상이라 할 수 있습니다. 서서히 남편에 대한 미움과 분노가 재발하고, 다시 자존심을 내세우게 됩니다. 어느 한쪽이 자존심을 뛰어넘는 용기를 보이지 않는 한, 서로 에너지를 뺏고 뺏기는 이러한 '에너지 쟁탈전'의 악순환은 끊임없이 되풀이될 것입니다.

비단 가정뿐 아니라 기업 등의 조직에서도 에너지 쟁탈전은 끊이지 않는데, 우리 사회의 가장들이 하루의 대부분의 시간을 보내고 있는 직장에서의 에너지 쟁탈전은 그대로 가정에까지 영향을 미치고, 나아가 전 사회에 영향을 미치게 됩니다.

상사가 부하직원의 자존심을 긁어 에너지를 빼앗는다면, 이 부하직원은 빼앗긴 에너지를 보충하기 위해 다시 다른 부하직원의 에너지를 빼앗게 됩니다. 소심한 성격으로 직장에서 화를 낼 줄 모르는 사람은 직장에서 못 채운 갈증을 집에 가서 아내를 대상으로 해소하게 될 것입니다. 아내는 다시 아이들을 대상으로 에너지를 갈취하게 되고, 아이들은 항상 에너지가 모자란 상태로 심성이 황폐해지게 됩니다. 이러한 패턴은 성장하면서 습관으로 자리잡아 결국 전 사회에 에너지 쟁탈전을 가져오게 되는 것입니다.

이렇듯 남의 에너지를 빼앗아가는 것은 '흡기귀吸氣鬼'라고나 할까요? 사람의 피를 빨아먹고 산다는 흡혈귀의 전설은 세계 어느 나라에나 존재합니다. 이는 아마도 통찰력이 뛰어난 옛 선조들이 이러한 에너지 쟁탈전을 경고하고자 만들어낸 교훈이 아닌가 생각됩니다. 우리 기업에는 이러한 흡기귀를 양산해내는 문화가 존재하지 않는지 주목해야 합니다. 기업의 의식이 사회의 의식을 주도하는 것이 현실이기 때문입니다.

이러한 지기나 인기는 스스로 만들어내는 것이 아니라 외부로부터 주어지는 에너지이기 때문에 아무리 채워 넣어도 만족할 수가 없습니다. 외부로부터 주어지는 포스의 에너지는 뺏고 빼앗기는 것이므로 세상의 모든 것은 '모자라다'는 인식에서 출발하고 있습니다. 따라서 포스의 에너지를 갖기 위해서는 다른 사람과 공동체를 해치면서까지 자신의 이익을 챙겨야 하는 현상이 나타나게 됩니다. 그 결과는 우주의 거래 법칙에 의해서 자기 자신에게 그대로 돌아오게 됨으로써 결국 뜻하지 않은 질병과 불행을 초래하게 됩니다.

텅 빈 가슴을 충분히 채우려면 지기나 인기가 아닌 천기를 받아야 합니다. 천기는 온 우주에 흘러넘치는 파워의 에너지입니다. 파워의 의식을 쓸 때 우리의 가슴속에 있는 컵에 에너지가 흘러넘치는 것입니다. 찬송가 중에 "내게 강 같은 사랑, 넘치네~!"라는 노랫말이 있습니다. 진정한 사랑은 외부로부터 받은 에너지가 아니라, 내 안에 숨겨진 무한 가능성을 찾음으로써 내면에서 파워의 에너지가 차고 넘칠 때 흘러나오는 것입니다. 이렇게 파워의 에너지를 컵 안에 담아두기 위해서는 자기와의 약속을 철저히 지켜야 합니다. 보이지는 않지만 자기 자신과의 약속을 지키고 유니넷과 연결하여 온 우주 안에 가득 찬 파워에너지를 받을 때, 스스로를 신뢰하게 되어 100% 자신감과 의지가 흘러 넘쳐나게 되는 것입니다.

한계란 정신적 장애일 뿐이다

옛날에 5 대 1이라는 불리한 병력으로 적과 대치하고 있던 장수가 있었습니다. 장수는 적이 숫자만 많을 뿐 오합지졸에 불과하다는 사실을 간파하고 승리하리라는 확신을 가지고 있었습니다. 그러나 장수의 부하들은 그렇지 못했습니다. 적의 어마어마한 숫자에 눌려, 반드시 승리할 수 있다는 장수의 말을 반신반의했습니다. 부하들의 사기는 떨어져 있었습니다. 장수는 이런 상태로는 싸움에서 이길 수 없다고 판단하고 중요한 결단을 내렸습니다. 부하들이 모두 모인 자리에서 장수는 한 가지 모험을 단행했습니다.

"내가 이 동전을 세 번 던져 땅에 떨어뜨리겠다. 만일 세 번 다 앞면이 나온다면 하늘이 우리를 도와 이길 것이며, 단 한 번이라도 뒷면이 나온다면 우리는 패할 것이다. 자, 이제 우리의 운명이 결정되는 순간이 왔다!"

곧이어 장수는 동전을 공중으로 세 번 던졌습니다. 그랬더니 놀랍게도 세 번 모두 앞면이 나왔습니다. 비로소 병사들은 승리하리라는 확신을 가지고 용감히 적진을 향해 돌진해 들어갔습니다. 하늘이 자신들을 돕고 있음을 믿은 장수의 부하들은 신들린 듯 싸워 마침내 승리를 얻었습니다. 다음날, 참모가 장수에게 다가와 말했습니다.

"아무나 운명을 바꾸지 못합니다. 장군께서는 참으로 위대한 업적을 이루셨습니다."

이 말을 들은 장수는 한심하다는 듯 혀를 차며 참모에게 동전을 내밀었습니다. 동전을 받아 쥔 참모는 깜짝 놀랐습니다. 동전의 앞과 뒤가 똑같았던 것입니다.

모든 것은 마음먹기에 달렸습니다. 앞뒤가 같은 동전을 이용해 전 부대의 운명을 바꾼 장수처럼, 우리 또한 어떻게 마음을 먹느냐에 따라 우리의 운명을 스스로 바꿀 수 있습니다. 천당과 지옥 역시 스스로의 마음먹기에 달려 있습니다. 장군의 지혜로 하늘이 자신들을 돕고 있다고 믿게 된 병사들은 자신을 전부 던져 가지고 있던 능력을 십분 발휘하게 된 것입니다. 신념의 힘이었습니다. 우리는 비전이 이루어질 수 있다는 것을 100% 믿을 때 그 비전에 자기 자신을 다 던질 수 있고, 그렇게 자기 자신을 던졌을 때 무한한 능력을 발휘할 수 있게 됩니다. 100% 자신감에서 100% 능력이 나오는 것이지요.

자기와의 약속을 끝까지 지키는 의지 체험 게임의 하나로, 파트너와 함께 교대로 눈을 감고 주어진 코스를 돌아오는 프로그램이 있습니다. 이것을 '심청이와 심봉사' 게임이라고 합니다.

우리 한민족의 속담이나 우화 중에는 깨달음의 지혜를 비유적으로 표현한 이야기들이 참 많습니다. 심청이는 심청心淸, 즉 의식이 높아 마음이 맑은 사람을 뜻하는 것이며, 심봉사는 마음이 봉사인 사람, 즉 의식이 낮아 마음이 어두운 사람을 의미합니다. 결국 의식이 높은 딸이 자신의 몸을 던져 의식이 낮은 아비의 마음의 눈을 뜨게 한다는 이야기지요.

이 게임의 요령은 두 사람 중에 한 사람이 먼저 눈을 감아 심봉사가 되고 다른 사람이 심청이가 되어 길을 안내하는데, 두 사람 다 말을 하지 않고 코스를 돌아오는 것입니다. 출발하기 전에 '절대 눈을 뜨지 않을 것'과 '절대 말하지 않을 것'두 가지를 약속하고 떠납니다. 그러나 실제로 게임을 진행하다보면, 장애물이 나타났을 때 자기도 모르게 깜짝 놀라 눈을 뜨거나 말을 하는 경우가 많습니다.

20분 정도 되는 코스를 교대로 돌아오면 소감을 나누는 시간을 갖는데, 그때 공통적으로 나오는 소감들이 있습니다.

"처음에 설명을 들었을 때는 눈을 감고 이끌려가는 것이 더 어렵겠구나 하는 생각이 들었습니다. 그런데 실제로 해보니까 눈을 뜨고 상대방을 인도해주는 것이 훨씬 더 어려웠습니다. 직장에서도 따라가는 사람followership보다는 리더를 해주는 팀장의 역할 leadership이 더 어렵고 중요하다는 것을 깨달았습니다."

"처음에는 파트너가 나를 잘 인도해줄까 하는 의심에 불안했지만, 어느 순간부터는 파트너를 믿기로 마음먹게 되었습니다. 그렇게 파트너를 믿고 나를 맡기자 오히려 마음이 더 편안해지며 더 잘 걸을 수 있게 되었습니다. 자기 힘으로만 하려고 하는 것보다 서로를 믿고 의지할 때 더욱 편안하게 일이 잘 진행될 수 있다는 것을 느꼈습니다."

그렇습니다. 신뢰의 느낌은 '편안함'입니다. 자기를 신뢰하고 상대방을 신뢰하고 하늘을 신뢰하게 되면, 편안하게 이완된 상태에서 가고자 하는 목적지에 집중할 수가 있습니다. 진정으로 원하는 비전에 자신을 다 던질 수가 있습니다. 그렇게 '이완된 집중'이 이루어졌을 때 심신의 에너지가 100% 활성화되는 것입니다.

어려운 상황을 헤쳐나가는 열쇠는 우리의 마음속에 있습니다. 똑같은 상황을 두고도 어떤 사람들은 할 수 있다고 하고, 또 어떤 사람들은 절대로 불가능하다고 말합니다. 진정한 '한계limit'란 무엇일까요? 'No Limit'와 'Know Limit'를 읽어보면, 발음은 '노 리미트'로 똑같지만 전혀 반대의 의미를 지니고 있습니다.

진정한 한계는 어쩌면 육체적인 장애보다는 어두운 마음이 가진 정신적 장애로부터 오는 것일지도 모르겠습니다. 이제 '한계라는 정신적 장애'를 훌쩍 뛰어넘어 스스로의 무한한 가능성과 힘을 믿어보십시오. 우주는 지금 이 순간에도 우리가 원하는 비전을 들어주기 위하여 모든 노력을 아끼지 않고 있습니다. 스스로 선택한 파워의 방법에 자신을 던져보십시오. 파워는 반드시 성공하게 되어 있습니다. 단지 성공할 때까지 행동했느냐 하지 않았느냐의 차이가 있을 뿐입니다. 승리의 운명을 안겨다 줄 동전의 앞면은 바로 자기 스스로가 창조하는 것입니다.

한 사람의 간절함이 전체를 움직인다

어떤 사람들은 이렇게 얘기할지도 모릅니다. 세상일이 나 혼자만의 의지로 되냐고, 세상에는 내가 어쩔 수 없는 일들이 참 많아 보입니다. 그러나 결코 그렇지만은 않습니다. 한 사람의 의지가 전체를 살릴 수도 있습니다. 실제로 의식의 밝기를 측정해보면, 의식이 높은 한 사람의 밝기가 수십만, 수백만 명의 어두운 의식을 상쇄하고 있음을 알 수 있습니다. 보이지 않는 세계에서는, 과거 성철 스님과 같은 의식 높은 한 분의 힘이 우리 국민의식의 많은 어두운 부분을 상쇄하고 있었던 것입니다.

나는 교육 과정을 진행하면서 그러한 힘을 종종 체험합니다. 몇 해 전 겨울에 대학생을 대상으로 하는 겨울캠프를 진행한 적이 있습니다. 눈이 내리는 추운 날씨에 젊은 학생들과 함께 야외에서 진행하는 프로그램도 많았습니다.

그 중 가장 기억에 남는 것은, 팀을 나누고 서로의 몸이나 옷으로 인간 끈을 만들어 어느 팀이 더 긴 끈을 만드는가 하는 프로그램이었습니다. 우리 진행팀은 이들이 서로 손과 손을 마주잡거나 잘하면 남학생들이 겉옷을 벗어 끈을 만드는 정도의 장면이 연출될 것으로 기대했습니다. 그런데 프로그램이 막상 진행되자 한 팀의 남학생이 팬티만 남기고 옷을 다 벗더니 그걸 모두 연결해 전체 길이를 늘였습니다. 그러자 온 남학생들이 팬티만 남기고 옷을 다 벗어 잇기 시작했습니다. 점입가경으로 우리 진행팀을 더욱 놀라게 한 것은 그 다음에 발생한 상황이었습니다.

갑자기 한 여학생이 머뭇머뭇하더니 진짜 속옷만 남기고 옷을 다 벗어 밧줄을 만들기 시작한 것이었습니다. 갑작스럽게 일어난 일에 모두들 놀랐지만, 곧이어 모든 여학생들이 동시에 자신들의 옷가지들을 벗어 밧줄을 만듦으로써, 처음 우리가 예상했던 것보다 5배쯤 더 긴 인간 끈이 만들어졌습니다.

바닥에는 아직 눈이 채 녹지 않았고 산 속의 캠프라 바람도 만만
치 않았는데, 그러한 추위 속에서 100여 명의 남녀 대학생들이 온갖
함성과 함께 속옷만 남기고 옷을 벗어젖히는 장면은 웃음 속에서도
뭔가 숙연함을 느끼게 했습니다. 이들은 프로그램 종료 후에도 한
동안 옷을 입지 않고 서로 얼싸안은 채 마냥 즐거워했는데, 이상하
게도 감동이 몰려와 눈물을 글썽였던 기억이 납니다.

야외 프로그램을 마친 후 실내에 들어와 같이 이야기를 나눴는
데, 한결같이 길이를 길게 늘여야 한다는 생각에 추위나 부끄러움
을 느낄 겨를이 없었다고 합니다. 또 한 여학생은 자기가 먼저 옷을
벗어 끈을 만들고 싶었지만 부끄러워 망설이고 있었는데, 누군가
먼저 시작하니까 쉽게 따라 할 수 있었다고 고백했습니다. 그저 게
임이라고 생각할 수도 있지만, 한 사람의 진실한 마음이 전체를 움
직인 것입니다.

부드러움이 강함을 이긴다

앞에서 우리는 자신감은 '자기 자신을 믿는 마음' 이며, 자신을 믿
는 마음은 자기와의 약속을 소중히 여기고 잘 지킬 때 유지된다는
것을 살펴보았습니다. 또 100% 자신감과 의지는 무한한 우주의 에
너지를 받을 때 흘러넘치게 된다는 것도 알았습니다.

이번 장에서는 자기와의 약속을 지키는 습관을 들이면서 동시에 유니넷을 통해서 무한가능성과 잠재력을 직접 이끌어내는 '이완 집중 몰입' 프로그램을 소개하고자 합니다. 이완 집중 몰입은 어떤 문제로 고민하고 있을 때 답을 가장 쉽게 받을 수 있는 문제해결 방법이자 원리입니다.

여러분은 이런 경험을 한두 번쯤 해본 적이 있으실 겁니다. 예를 들어 풀리지 않는 어려운 문제와 한동안 씨름을 하다가, "에잇, 잠깐 쉬자!" 하고 사무실을 나와 따뜻한 커피를 한 잔 마시는 순간, 혹은 담배를 입에 물고 한 모금 쭉 빨아들이는 순간, 그토록 풀리지 않던 문제의 해결방법이 불현듯 머리를 스치고 지나갑니다.

혹은 목표로 잡은 영업 오더를 따내기 위해 땀 흘리며 동분서주하다가 "에이, 이제는 틀렸나 보다!" 하고 긴장을 내려놓는 순간, 기대하지도 않았던 업체에서 오더를 내겠다고 뜻밖의 전화가 걸려옵니다.

이처럼 크고 작은 일상생활의 문제들을 풀어나가다 보면, 그 문제에 계속 집착하며 긴장하고 있을 때보다 한 발짝 물러서는 여유를 가질 때 의외로 더 잘 풀리는 경우가 종종 있습니다. 우리가 원하는 답을 끌어오는 무한한 내면의 에너지는 온몸의 힘을 충분히 뺐을 때 활성화되기 때문입니다. 심신이 편안하게 이완되어 있을 때 뇌파가 충분히 떨어져 우주 에너지 파동과 주파수가 맞게 되고, 온몸의 혈들이 활짝 열려 그 에너지를 잘 받을 수 있게 됩니다. 바로 그때 지금껏 고민하던 문제를 해결해줄 답을 받게 되는 것이지요. 이러한 문제해결의 원리가 바로 "이완 집중 몰입" 법입니다.

문제에 집착해서 심신이 긴장되면 에너지를 주고받는 혈들이 막히고 뇌파가 들떠서 우주의 에너지 파동과 교류를 할 수 없게 됩니다. 오히려 막혀 있는 에너지를 억지로 돌리려고 하니까 온몸의 근육이 뻣뻣하게 굳고 스트레스만 더 많이 받게 됩니다.

운동선수들을 보면 이 원리를 쉽게 알 수 있습니다. 운동선수들은 대체로 강한 체력을 갖고 있습니다. 일반인들에 비해 잘 발달된 탄탄한 근육과 넘치는 힘을 갖고 있습니다. 그러나 그렇게 탄탄해 보이는 근육을 만져보면, 평소에는 그렇게 부드러울 수가 없습니다. 어깨나 목 근육을 만져보면 오히려 딱딱하게 굳어 있는 일반인들보다 훨씬 더 부드러움을 느낄 수 있습니다. 딱딱하게 굳어 있는 근육은 힘을 쓸 수가 없기 때문입니다.

모든 운동이 다 그렇습니다. 처음 수영을 배울 때 수영코치로부터 듣는 말은 몸에 힘을 빼라는 것입니다. 그리고 물을 느껴보라는 것입니다. 온몸에 힘을 꽉 주고 있으면 물을 느낄 수도, 속력을 낼 수도 없기 때문입니다. 골프도 그렇습니다. 정말 골프를 잘 치려면, 그립을 쥘 때 깨지기 쉬운 계란을 쥐듯이 힘을 빼고 살며시 쥘 수 있을 정도가 되어야 한다고 합니다. 그렇게 힘을 뺐을 때, 더 먼 거리까지 정확하게 원하는 방향으로 공을 칠 수가 있기 때문입니다. 몸과 마음에 힘을 뺐을 때 막혔던 혈들이 열리고, 에너지가 원하는 방향으로 원활하게 흘러 집중됨으로써 힘을 쓸 수가 있습니다. 이완된 상태에서 의식을 집중했을 때 비전에 에너지를 몰입할 수 있습니다. 힘을 뺄 때 오히려 힘이 생기는 것입니다.

심신을 충분히 이완시키려면 자신감을 갖고 "분명히 이루어질 것이다."라는 긍정적인 자기 메시지를 주어야 합니다. "이게 정말 잘될까? 혹시 안 되면 어떻게 하지?" 하는 부정적인 메시지를 자신에게 주면, 두려움을 느끼게 되고 몸이 긴장하게 됩니다.

의심과 두려움이 깔린 부정적 의식상태에서는 몸이 긴장을 하게 되고, 문제에 대해 집중하는 것이 아니라 집착하게 됩니다. 집착을 하게 되면 그 문제에 의식이 딱 들러붙어서 에너지가 발생할 수 있는 공간이 없어지므로, 결국 문제해결에 실패하고 맙니다. '이완 집중 몰입'이 아니라 '긴장 집착 몰락'을 하게 되는 것이지요.

이제 우리가 답을 끌어오는 어트랙션 파워Attraction Power와 자신감을 극대화하고 문제해결 능력을 키워주는 '이완 집중 몰입' 프로그램을 소개하겠습니다.

실제로 모 회사의 대표는 20년 동안 앉았다 일어나는 것조차 힘들 정도로 다리가 안 좋았는데, 이 프로그램 후에는 앉았다 일어나는 것이 잘 된다면서 나와서 시범까지 보이며 뛸 듯이 기뻐했습니다. 또 과거에 농구선수를 하면서 어깨를 다쳐 오랫동안 움직이지 못했는데, 이 프로그램 후에 어깨가 돌아간다며 좋아하신 분도 있었습니다. 여러분 중에도 특별히 안 좋거나 아픈 부위가 있으신 분은 그 부위에 마음을 집중해보십시오.

① 양발을 어깨 넓이보다 조금 넓게 벌리고 발이 앞을 보고 십일(11)자 모양이 되도록 섭니다. 가슴을 펴고 목과 허리가 일직선이 되도록 자세를 바로 합니다. 이제 무릎을 굽혀 기마騎馬 자세가 되도록 합니다. 그 상태에서 양팔을 가슴 높이로 들어올려, 가슴에 커다란 항아리를 안은 듯 둥글게 감싸줍니다. 양손 끝은 붙이지 말고 10cm 정도 사이를 떼고, 양 손바닥이 가슴을 보도록 합니다. 다시 한번 기마 자세를 한 채로 목과 허리를 일직선으로 펴서 자세를 바로 하고, 특히 어깨에 힘이 들어가지 않도록 온몸에 힘을 빼줍니다. 이 자세를 항아리를 안고 있는 듯해 '항아리 자세'라고 합니다.

② 이 항아리 자세를 한 채로 약 25분간 자신의 내면을 바라보며 집중, 몰입하는 것입니다. 내면에 집중하기 위해서 눈은 감아도 좋고 먼 산을 바라보듯 힘을 빼고 앞을 바라봐도 좋습니다. 편한 방법을 선택하십시오.

③ 그리고 가슴에는 항아리를 안고 있다고 상상하십시오. 그 항아리 안에는 여러분이 진정으로 이루고 싶은 비전이 가득 담겨 있습니다. 그 비전은 돈일 수도 있고, 승진일 수도 있고, 가족의 행복일

수도 있고, 자신의 건강일 수도 있습니다. 지금 안고 있는 항아리를 놓으면 그 비전이 산산조각 나서 깨어진다고 상상을 하십시오. 항아리 안의 비전이 이루어지기 위해서는 최소한 25분간 자세를 유지하는 임계질량과 정성이 필요합니다.

자, 이제 자신과의 약속을 하는 것입니다. "나는 25분 동안 정성을 다해 이 비전 항아리를 들고 있겠다. 절대 놓치지 않겠다. 나는 이 비전을 꼭 이룰 것이다!" 그리고 비전이 이루어졌을 때의 기쁜 마음을 상상해보십시오. 몸의 변화를 통한 마음의 변화를 지켜보십시오.
이 자세를 하다보면 평소에 안 좋았던 몸의 부분이 차례로 나타나며 약간의 통증이 일어나기도 합니다. 그러면 그 부위에 마음을 집중하여 계속 에너지를 보내보십시오. 처음에는 더 아픈 듯하다가 어느 순간이 되면 갑자기 뻥 뚫리는 느낌이 들면서 날아갈 듯이 몸이 가벼워지는 것을 느낄 수 있습니다. 막혔던 혈들이 뚫리면서 기혈순환이 저절로 이루어지기 때문입니다.
몸이든 마음이든 조직이든, 문제가 있는 부분은 피한다고 풀리는 것이 아니라 정면으로 바라보고 마음을 집중했을 때 에너지가 발생되어 풀리는 것입니다. 피하는 것은 해결이 아니라 잠시 덮어두는 것일 뿐입니다.

문제를 정확히 집중하여 바라보기 위해서는 힘을 빼는 이완이 필요합니다. 우리가 한 군데 너무 집착하고 빠져 있으면 전체를 보는 중심을 잃게 되고, 중심을 잃으면 바르게 볼 수 없기 때문입니다. 돈이든 명예든 사상이든 지식이든, 너무 깊게 빠져 있으면 온전하게 볼 수 없습니다. 한 발짝 뒤로 물러서서 힘을 빼고 맑은 머리로 편안하게 바라보는 여유가 필요합니다. 힘을 빼고 물러나와 전체를 바라볼 때 문제를 올바르게 해결할 수 있는 능력이 생기는 것입니다.

Having-Doing-Being!

실행전략 06

1. 방법을 찾기 전에 이루고자 하는 간절한 의지부터 가져라.
2. 100% 의지와 신념으로 행동할 때 원하는 것을 이룰 수 있다.
3. 자기와의 약속은 그 어떤 일이 있더라도 지켜라.
4. 나와 다른 사람의 존재를 긍정하라.
5. 부드러움으로 강함을 이겨라.

step 5 주어진 결과를 감사함으로 해석하라

Great Thanks!

최근에는 남자든 여자든 살을 빼기 위해 다이어트나 단식을 하는 사람들이 참 많아졌습니다. 아직도 한편에서는 정말로 먹을 것이 없어 굶주리는 사람들이 있는데, 다른 한편에서는 돈까지 줘가며 단식원에 들어가 밥을 굶는 사람들이 있습니다. 똑같은 일을 놓고도 어느 한쪽의 시각만으로 바라보기는 참 어려운 것 같습니다.

단식과 굶주림은 음식을 먹지 않는다는 점에서는 같지만, 본질적으로는 커다란 차이를 지니고 있습니다. 옛말에 "3일 밤 3일 낮을 굶으면 남의 집 담을 넘지 않는 사람이 없다."고 했습니다. 자기는 굶는데 딴 사람은 밥을 먹고 있으니 세상이 불공평하게 느껴집니다. 이유 없이 사람들이 미워지고, 세상이 원망스럽기까지 합니다. 참다 참다 결국은 남의 집 담을 넘게 되는 것이지요.

그러나 자발적으로 단식을 하는 경우엔 일주일을 굶어도 결코 남의 집 담을 넘는 일은 벌어지지 않습니다. 도리어 내 돈을 내가며 즐겁게 굶습니다. 위장이 비어 있는 것은 똑같지만, 그 속에 단식하는 사람에게는 날씬해질 수 있다는 희망이 채워져 있고 굶주리는 사람에게는 절망이 가득할 뿐입니다. 똑같이 밥을 굶으면서도 어떤 마음으로 굶느냐에 따라 행복과 불행이 판가름나는 것입니다.

이렇게 똑같은 일을 놓고도 저마다 해석이 다른 것은 어떤 이유일까요? 그것은 우리가 저마다 다른 해석의 틀을 가지고 있기 때문입니다. 그것을 '해석의 안경'이라고 합니다. 우리는 저마다 다른 색깔과 모양의 안경을 끼고 사물을 바라보기 때문에 똑같은 사물도 다르게 보입니다. 예를 들어봅시다. 어렸을 때 빨강, 노랑, 파랑 셀로판 종이안경을 끼고 사물을 보는 놀이를 해보셨을 겁니다. 그 놀이를 상상해보십시오.

몇 사람이 모여서 똑같은 지도를 보고 있습니다. 그 중에서 세모난 파란 안경을 끼고 있는 사람은 그 지도가 세모난 모양에 파란색 지도라고 할 것입니다. 또 네모난 노란 안경을 끼고 있는 사람은 그 지도가 네모난 모양에 노란 지도라고 할 것이고, 둥그런 빨간 안경을 끼고 있는 사람은 그 지도가 둥그런 모양에 빨간 지도라고 할 것입니다.

이러한 해석의 안경은 어디로부터 왔을까요? 그것은 바로 우리의 의식이 어두워지면서 쌓인 고정관념의 틀에서부터 왔습니다. 우리가 시력이 나빠지면 제대로 볼 수가 없어 자신의 도수에 맞는 안경을 쓰게 되듯이, 의식수준이 떨어지면 떨어질수록 자기를 보호하기 위한 두려움에 두터운 고정관념의 벽을 쌓게 되는 것입니다.

　의식이 낮은 사람은 진짜 자기가 아닌 고정관념의 거짓된 틀로 세상을 바라보게 됩니다. 처음에는 어린 시절 자신을 보호하기 위해 쌓았던 관념의 벽이 나이가 들고 어른이 되어갈수록 딱딱하게 굳어져, 결국 보이지 않게 사물을 판단하고 해석하는 안경의 역할을 하고 있는 것입니다. 우리는 이렇듯 서로 다른 해석의 안경을 끼고 사물을 바라보기 때문에 똑같은 일을 놓고도 다르게 이야기하게 됩니다. 그리고 그 때문에 갈등이 생깁니다.

　지구 안의 관점으로 보면 해는 산에서도 뜨고 바다에서도 뜹니다. 그러나 우주의 관점에서 보면 해는 산에서 뜨는 것도 아니요, 바다에서 뜨는 것도 아니요, 그저 그 자리에 있을 뿐입니다. 우리 안에는 원래 진리를 바라볼 수 있는 지혜의 눈이 있습니다. 사물을 온전하게 보려면 해석의 안경을 벗고 원래의 건강한 눈으로 바라보아야 합니다. 그럴 때 우리는 서로를 진정으로 이해할 수 있고, 진정한 건강과 행복과 성공을 이룰 수 있는 것입니다.

　어떤 사람은 벌을 받아도 "저분이 나를 진정으로 아끼는구나." 하고 감사하게 여기는가 하면, 상을 받아도 "주려면 진작 주지, 왜 이제야 주냐?"고 불평하는 사람도 있습니다. 결혼 20년 만에 이혼한 여자를 보고 안쓰럽다고 혀를 차는 사람도 있겠지만, 정작 본인은 세상 어디에도 얽매이지 않은 자유를 만끽하고 있을 수 있습니다.

엄밀한 의미에서 절대적인 행복은 존재하지 않습니다. 행복이란 사람과 시간과 장소에 따라 수시로 변할 수 있는 상대적인 감정일 뿐입니다. 인생의 행복과 불행, 성공과 실패는 스스로가 내리는 '해석'의 차이에서 오는 것입니다. 여러분께서는 지금 어떤 해석의 안경을 쓰고 계십니까?

공짜라는 착각에서 벗어나라

어떤 사람이 한 달 동안 아주 특별한 실험을 하였습니다. 어떤 마을의 일정한 구역에 있는 각 집에 매일 100달러씩 아무런 조건 없이 나누어준 다음 그 결과를 관찰해보는 것이었습니다. 첫째 날, 집집마다 들러서 현관에 100달러를 놓고 나오는 그를 보고 사람들은 제정신으로 하는 행동인지 의아해하면서도 멈칫멈칫 나와서 그 돈을 집어갔습니다. 둘째 날도 거의 비슷한 일이 벌어졌습니다. 그러나 셋째 날, 넷째 날이 되어 많은 사람들이 그 돈을 직접 사용해보고 진짜 돈이라는 것이 밝혀지면서, 그 동네는 며칠째 100달러씩을 선물로 주고 가는 사람의 이야기로 떠들썩했습니다. 신기하기도 하고, 고마운 마음도 들었습니다.

두 번째 주쯤 되었을 때, 동네 사람들은 현관 입구에까지 나와 돈을 나눠주는 사람이 오는 쪽을 뚫어져라 바라보며 언제쯤 올 것인가 기다리게 되었고, 그 소문은 이웃마을에까지 퍼졌습니다. 세 번째 주쯤 되자, 이 마을사람들은 더 이상 그 이상한 사람이 와서 돈을 주는 것을 신기하거나 고맙게 생각하지 않게 되었습니다. 넷째 주가 되었을 때쯤은 매일 100달러씩 돈을 받는 것이 마치 세 끼 밥 먹고 세수하고 출근하는 것 같은 일상사가 되어버렸습니다. 드디어 실험기간이 끝나는 한 달의 맨 마지막 날, 그 실험을 계획했던 사람은 평소와는 달리 그 마을 사람들에게 돈을 나눠주지 않고 그냥 그 골목을 지나갔습니다. 그러자 이상한 반응들이 터져 나왔습니다. 여기저기서 투덜거리거나 화를 내기 시작했습니다. 어떤 사람은 문을 거칠게 열고 현관까지 나와서 성난 목소리로, "우리 돈은 어디 있습니까? 당신에게 어떤 사정이 있는지 모르지만, 왜 오늘은 내 돈 100달러를 안 주는 겁니까?"라고 따져 묻기까지 했습니다. 마을 사람들에게 매일 100달러를 받는 일은 어느새 당연한 권리가 되어버렸던 것입니다.

우리는 살아가면서 매일 공짜로 100달러를 받는 것처럼 당연하게 여기는 것들이 많은 것 같습니다. 공기가 있어 숨을 쉴 수 있는 것도, 물이 있어 마실 수 있는 것도, 흙이 있어 딛고 설 수 있는 것도 당연하게 생각합니다. 늘 그렇게 곁에 있는 것들에 대해서는 그래서 고마워할 줄을 모릅니다.

직장을 다니면서도 처음에 입사할 때는 적은 보수도 낮은 직책도 부족한 근무환경도 개의치 않고, 일을 할 수 있다는 그 자체로 고마움을 느낍니다. 가끔 보너스라도 받을라치면 감사한 마음에 더욱 열심히 일할 것을 다짐하곤 합니다. 그러나 점점 시간이 지나 받는 것이 익숙해지면, 그 고마운 것들은 당연한 것들로 변해버립니다. 그와 함께 감사함도 사라지고, 급기야는 더 잘 해주지 않는 것에 대한 불만들이 쌓이기 시작합니다. 그리고 그렇게 불만스러웠던 직장을 잃고 나서야 그것이 얼마나 고마웠는지 후회하며 안타까워합니다.

부모와 자녀의 관계도 그렇습니다. 어려서는 말 잘 듣던 착한 아이도 시간이 지나고 성장해 나갈수록, 부모님의 사랑을 당연시하거나 오히려 귀찮은 것으로 여깁니다. 많은 이들이 부모로부터 떨어지려 하고 심지어 반항하기까지 하다가, 결국 돌아가신 후에야 그분들의 사랑이 얼마나 감사했는지 느끼게 되고 후회하곤 합니다.

이처럼 우리가 가진 것에 대해서 처음과 달리 시간이 지날수록 감사함을 느끼지 못하는 것은 왜일까요? 그것이 있음으로 해서 내가 얻는 것에 대해 감사하지 않아도, 불평과 불만을 늘어놓고 함부로 대해도, 그것이 늘 그렇게 곁에 있으리라는 착각에 사로잡혀 있기 때문이 아닐까요? 혹은 앞서 일화에서 우리 돈은 어디 있냐며 따져 물었던 마을사람처럼, 그것이 온전히 내 것이라는 착각 때문이 아닐까요?

그러나 이 세상에 우리가 영원히 공짜로 가질 수 있는 것이 있을까요? 우리는 태어날 때 계약서를 쓰고 태어나지 않았습니다. 내 심장이 70년 동안 아무 탈 없이 뛰어주리라는 보장은 어디에도 없습니다. 우리에게 심장을 빌려준 주인이 언제든 심장을 멈추게 하여

도 우리는 아무 할 말이 없습니다. 애프터서비스를 해주지 않는다고 불평을 늘어놓을 수도 없습니다. 우리의 생명은 우리가 대가를 지불하고 구입한 물건이 아니기 때문입니다. 내가 가지고 있는 몸조차도 온전히 내 것이라고 할 수가 없는 것입니다.

이 세상에 영원한 소유물은 없습니다. 세상 만물은 끊임없이 움직이고 변화하고 있기 때문입니다. 이 글을 읽는 순간에도 우리 몸의 세포는 끊임없이 죽어나가고 또 생성되고 있습니다. 보이는 세계에서는 고정되어 보이지만, 보이지 않는 에너지의 세계에서는 한 순간도 같은 것이 없습니다. 에너지는 끊임없이 움직여야 생명력을 갖기 때문입니다.

'빈손으로 왔다 빈손으로 가는 인생' 이라는 말이 있습니다. 끊임없이 움직이고 있는 이 우주는 풀 한 포기, 돌멩이 하나조차 그 누구의 영원한 소유물이 될 수 없는 것입니다. 그저 그 자체로 존재하고 있고, 우리는 그것을 빌려 쓰고 있을 뿐입니다. 우리는 정확한 거래 법칙에 의해서 우주와 끊임없이 주고받기를 하고 있는 것입니다.

그런데 그 거래를 더 큰 거래로 이어주는 것이 바로 '감사하는 마음' 입니다. 예를 들어봅시다. 음식점에 가서 음식을 사먹는데, 내가 돈을 내고 음식을 먹었으니 보이는 측면에서는 서로 공정한 거래를 한 것입니다.

그런데 똑같이 거래를 했지만, 어떤 음식점 주인은 내가 음식을 만들어 제공한 만큼 돈을 받았으니 돈 받는 것은 당연하다고 생각하고 손님에게 무덤덤하게 대하는 사람이 있을 것입니다. 또 어떤 주인은 나는 기껏 고생을 하며 음식을 제공했는데, 돈은 쥐꼬리만큼밖에 못 받았다는 불만스러운 마음으로 가득 차 불친절하게 대하는 사람이 있을 것입니다. 또 다른 주인은 다른 집에 갈 수도 있었는데, 자기 가게에 일부러 찾아와주신 손님이니 얼마나 감사하냐는 생각에 아주 친절하게 손님을 맞이하는 사람도 있을 것입니다.

여러분이 손님이라면 어떤 가게에 가고 싶겠습니까? 똑같은 음식이라면 감사히 여기고 친절하게 대해주는 집에 가고 싶지 않으십니까? 나는 음식이 조금 덜 맛있더라도, 또는 시설이 조금 덜 좋더라도 친절한 가게에 가는 편입니다. 그리고 그 친절한 집에 자주 가게 되고, 또 내가 아는 다른 사람들을 소개해주기도 합니다.

우주와의 거래도 그렇습니다. 보이는 세계에서는 내가 이만큼 노력했는데, 저 사람이랑 똑같이 했는데 왜 나한테는 이만큼밖에 돌아오지 않았냐며 불평하는 사람들도 있습니다. 그러나 보이지 않는 의식의 세계에서는 어떻습니까?

우주의 에너지도 똑같은 노력이면 불평하고 투덜거리는 사람보다는 감사하는 사람에게 더욱 끌려가는 것입니다. 감사하는 마음은 음식점의 보이지 않는 서비스와 같은 것입니다. 감사함은 단골을 만들고 더 많은 미래의 고객을 만들기 위한 투자와 같은 것입니다.

주어진 결과에 대하여 감사하는 마음으로 해석하는 사람은 더 큰 행복과 성공을 가져오는 선순환의 무한대 사이클을 그리게 됩니다.

반대로 불평과 불만으로 해석하는 사람은, 불친절한 가게에 손님의 발걸음이 뜸해지듯이 불행과 실패의 악순환 사이클을 그리게 되는 것입니다.

나에게 주어진 모든 결과는 결국 나의 마음이 끌어온 것입니다. 그것이 바로 "간절함이 답"이라는 간단한 원리인 것입니다.

이 우주가 우리에게 베푸는 모든 것에 대해 고마움의 마음을 품는 것은 절대적으로 중요합니다. 궁핍의 마음은 궁핍을 불러오고 풍요로운 마음은 풍요를 불러옵니다. 감사하는 마음은 더 큰 풍요를 위한 투자인 셈입니다. 여러분께서는 우주와 어떤 거래를 하시겠습니까?

감사의 마음은 미래에 대한 투자다

고등학생 시절에 집안 형편이 계속 어려워지자, 중풍으로 누워 계시던 어머니가 살아야겠다는 일념 하나로 일어나 자장면 집을 운영한 적이 있었습니다. 나는 어머니를 도와 카운터에서 계산하는 일을 보았는데, 주방장이나 배달하는 사람이 가끔 일을 하지 않고 말썽을 부릴 때가 있었습니다. 조금만 맘에 안 들거나 일이 많다 싶으면 그만두고 나가기 일쑤였습니다. 그럴 때면 나는 주방에서 직접 자장면 면발을 뽑고 요리를 하기도 했고, 양철통을 들고 배달도 가야 했습니다.

처음에는 그럴 때마다 화가 머리끝까지 차올라 주방장이나 배달원에게 소리도 쳤습니다. 그러나 그런 일을 몇 번 겪고 나니, 그 사람들이 말썽 안 피우고 있어주는 것만 해도 감사하게 느껴졌습니다. 월급 준 만큼 일하는 것이야 당연한 일인 터인데도, 저 사람들이 없으면 결국 내가 해야 할 일일 텐데 하고 생각하니 고마운 마음이 절로 들었습니다. 그리고 주방일을 하는 것도, 배달을 가는 것도 내 가게를 위한 것이라고 생각하니, 힘들기는커녕 오히려 일이 많을수록 더 신이 났습니다. 가게가 더 잘 되어봤자 어머니로부터 받는 용돈의 액수는 똑같았지만, 내 가게라는 생각에, 내가 주인이라는 생각에 힘든 줄을 몰랐던 것입니다.

자식을 키우는 것도 그런 것 같습니다. 아이를 낳아 기르면 시간 맞춰 젖도 먹여야 하고, 기저귀도 갈아줘야 하고, 얼러줘야 하고, 자라면 학교도 보내고 용돈도 줘야 하고, 시집 장가도 보내야 하고, 신경 쓰고 뒷바라지 해줘야 할 일이 한두 가지가 아닙니다. 그러나 그러한 것이 힘들다고 자식에게 투덜거리고 불평하는 부모는 아마도 그리 많지 않을 것입니다. 내 자식이니까요.

그렇게 부모가 고생하고 마음 쓰는 것에 비해, 자식은 부모에게 그것의 10분의 1도 못 한다고 합니다. 나 역시 때로는 부모 된 입장에서 자식에게 기대하는 것도 많고 더 잘해주었으면 하는 생각이 들 때도 있습니다. 그러나 아이가 몸이 아플 때 뒤돌아서 생각해보면, "그래 특별한 말썽 안 부리고 그저 건강하게 자라주는 것만 해도 고맙지……." 하는 생각이 들곤 합니다. 그리고 조금만 잘해주어도 속으로는 그렇게 대견하고 감사할 수가 없습니다.

그러나 만약에 내 자식이 아닌 아이를 대신 맡아 키우고 있다면 어떨까요? 물론 그렇지 않은 분도 계시겠지만 남의 아이라면, 그 아이를 위해 고생하는 것이 내 자식만큼 그렇게 기쁘고 감사하게 느껴지지는 않을 것입니다. 아무래도 남의 자식에게는 내 자식보다 기운이 덜 가는 것이 인지상정 아닐까요? 진정한 감사함은 바로 '내 것'이라는 마음, 즉 '주인의식主人意識'으로부터 나오는 것입니다. 자장면 가게에 손님이 많이 와서 바빠지면 바빠질수록 주인은 감사하고 기쁘겠지만, 종업원은 힘들고 짜증스러울 수도 있습니다. 음식점에 가보면 주인이 있을 때는 직원들이 친절하지만, 상대적으로 주인이 없을 때는 불친절한 경우가 많습니다. 내 것이라는 의식이 없기 때문입니다. 그저 시키는 대로 일하고 월급만 받으면 그만일 뿐이라는 의식 때문입니다. 내 것이 아니니 내가 열심히 일해봤자 나에게 그만큼 돌아오지 않는다는 의식에서 나오는 행동입니다. 이것은 내 가게고 내가 열심히 한 만큼 그것이 다 나에게 돌아온다고 생각하면 시키지 않아도 열심히 할 것입니다.

그런데 주인의식은 꼭 주인이 되어야만 나올 수 있는 의식일까요? 그렇지 않습니다. 기업 구성원들의 의식을 조사해보면, 대체로 팀원보다는 팀장의 주인의식이 높습니다. 또 부서의 팀장보다는 임원이나 최고경영자의 주인의식이 높습니다. 물론 최고경영자는 오너일 수도 있지만, 그렇지 않을 수도 있습니다. 직책이 높을수록 대체로 주인의식도 높아집니다. 그러나 어떤 경우에는 팀원임에도 불구하고 투철한 주인의식을 갖고 자발적으로 일하는 구성원들도 있습니다. 특히 신입사원일 경우에는 오히려 기존사원들보다도 더 주인의식을 가지고 자발적으로 일하는 경우가 많습니다.

보통 처음 회사에 입사할 때는 순수한 비전과 희망으로 에너지가 충만해 있고 의식이 고양되어 있습니다. 보이는 직책은 낮은 곳에 있으나 보이지 않는 의식은 주인의 자리에 올라가 있는 것입니다. 그러나 직장생활을 하면서 쌓이게 되는 부정적인 고정관념들, "해봤자 소용없어!" "그렇게 일한다고 뭐가 돌아오겠어?" 하는 등의 의심과 두려움들이 처음의 순수한 주인의식을 병들게 하는 것입니다.

그렇다면 주인의식을 갖게 하는 가장 중요한 요소는 무엇일까요? 그것은 바로 전체를 바라볼 수 있는 높은 의식수준입니다. 전체를 바라볼 수 있는 의식이 되면, 즉 200럭스 이상의 전체 의식수준으로 의식이 고양됩니다. 나와 조직이 둘이 아니라 하나라는 것을 깨닫게 됩니다. 따라서 내가 잘 되려면 전체가 잘 되어야 한다는 것을 깨닫습니다.

높이 나는 갈매기가 멀리 본다

리처드 바크가 지은 『갈매기의 꿈』에서 갈매기 조나단이 "높이 나는 갈매기가 멀리 본다."고 했습니다. 갈매기의 세계가 아니라 우리 인간들 중에서 가장 높이 날았던 인간은 누구일까요? 1973년 스카이랩 4호의 선장으로서 84일 동안 2천 시간이 넘는 장기 우주 비행을 마치고 돌아온 제럴드 카는 이렇게 말합니다.

"지구는 아무리 보아도 물리지 않았습니다. 너무도 아름다웠지요. 아름다운 지구를 바라보고 있노라면 나도 지구의 일원이라고 하는 지구에 대한 귀속의식이 강렬하게 솟아올랐습니다. 미국 국민이라든가 휴스턴 시민이라든가 하는 의식은 전혀 들지 않았습니다. 우리는 어디를 가나 결국은 '지구인'인 것입니다."

일상생활을 하면서 우리는 '지구인'이라는 의식을 느끼면서 살지는 못합니다. 지구가 주는 온갖 혜택을 당연히 누리면서도 지구를 우리가 책임져야 할 그 무엇으로 느끼지는 못합니다. 그래서 지구에 상처를 주고 고통을 줍니다. 환경을 오염시키고 자연을 훼손시키고 그 지구의 구성원인 자연과 인간을 파괴시킵니다. 그렇게 해도 내가 당장 피해 입을 것이 없다고 생각하기 때문입니다. 또 내가 자연을 보호하고 지구를 사랑해도 나에게 당장 돌아올 것이 없다고 생각하기 때문에 그렇게 행동하는 것입니다. 내가 지키고 책임져야 할 지구의 주인이 아니라고 생각하는 것입니다.

그러나 과연 그럴까요? 지구를 떠나본 우주비행사들은 한결같이 우주비행을 마치고 돌아와서는 너와 나, 국경과 국경의 경계를 뛰어넘어 지구 전체를 더욱 더 사랑하고 아끼게 되었노라고 고백합니다. 그리고 삶을 더욱 더 소중하게 여기게 되었노라고 이야기합니다.

산 중턱에서는 산 전체가 보이질 않습니다. 산 정상에 올라가면 360도 시야가 확 트이며 세상이 한눈에 보이듯이, 하나님 마음으로 지구 전체를 바라보면 내 것이 아닌 것은 없습니다. 나는 전체의 일부이며, 전체와 나는 하나라는 것을 깨닫게 되는 것입니다.

몸 전체가 심장 소유가 아니라고 해서 심장이 불평불만을 늘어놓으며 제 역할을 다하지 않는다면, 몸은 어떻게 되겠습니까? 그렇게 해서 몸이 건강을 잃으면 결국에는 심장인들 온전할 수 있겠습니까? 몸 전체가 심장의 것은 아니지만, 몸과 심장은 하나로 연결되어 있는 것입니다. 심장이 기능을 잘해주어 몸 전체가 건강해지면 그 결과가 다시 심장에게 돌아오고, 심장이 제 역할을 하지 못해 몸 전체가 건강을 잃으면 그 결과도 마찬가지로 심장에게 돌아오는 것입니다.

내 마음이 세상을 창조하고 있다는 원리를 깨닫게 되면, 그 사람이 곧 우주의 주인이 되는 것입니다. 그렇게 전체를 바라보는 주인 의식 속에 있을 때 진정한 감사함이 나오는 것입니다. 내가 곧 주인이므로, 내가 만나는 모든 것이 내가 책임져야 할 일이고 내가 해야 할 일이라는 것을 깨닫게 되기 때문입니다. 그렇게 큰 의식을 가질 때 그 의식의 크기만큼 원하는 것을 이루게 되는 것입니다.

내가 바뀌어야 세상이 바뀐다

'지피지기知彼知己면 백전불퇴' 라는 말이 있습니다. 적을 알고 나를 알면 백전백승이라는 『손자병법』의 병술입니다. 나는 같은 말이지만 거꾸로, '지기지피知己知彼면 백전백승'이라고 말합니다. 남을 알기에 앞서 먼저 자기 자신을 철저히 알아야 진정한 승리를 거둘 수 있다는 말입니다. 또 진정으로 상대방을 이해하려면 먼저 나 자신을 이해해야 한다는 뜻이기도 합니다.

우리는 살면서 주위 사람들에게 "넌 좀 바뀌어야 돼, 바꿔라!"라는 말을 많이 합니다. 그리고 자식을 바꾸기 위해, 배우자를 바꾸기 위해, 부하직원을 바꾸기 위해 많은 노력을 기울입니다. 바뀌어야 된다고 느끼는 모습이 많을수록 그 사람에 대한 불만도 많아집니다. 그러나 우리가 그렇게 다른 사람을 바꿀 수 있다는 기대는 어쩌면 환상이 아닐까요? 어찌 어찌 변화되어야 한다는 그 틀은 결국 나의 것이므로, 상대방에게 만족하려면 오히려 내 자신의 틀이 먼저 변화되어야 하는 것이 아닐까요? 여기 한 직장인의 진솔한 나눔을 소개합니다.

"우리는 흔히 아버지만한 아들이 없다는 표현을 자주 쓴다. 이미 아버지의 의식수준이 정해져 있기 때문에 아들의 의식수준도 그 이상을 뛰어넘기 힘들기 때문인 것 같다. 아무리 아들을 위해 영재교육을 시키고 의식을 변화시키려 해도, 그가 자라는 환경이 부모의 의식수준과 환경의 범주 안에 있기 때문에 그 이상이 되려면 부단한 노력이 필요한 것이다. 의식 프로그램을 통해 내 아들의 이상을 변화시키기보다는 나 자신이 변화된 모습을 이끌어낼 수 있다면,

아들은 자연스레 그 환경과 그 의식수준까지 아무런 조건 없이 올라올 것이라는 것을 느꼈다.……난 이제 초인의 마음으로 돌아가, 과장된 글이 아닌 내가 느끼고 실천할 수 있는 행동실천 강령을 몇 가지 적고 싶다. 첫째, 항상 당당하고 용기 있는 마음가짐을 가지자! 둘째, 남을 탓하기보다는 오히려 나를 뒤돌아보고, 자아성찰의 시간을 많이 갖자! 셋째, 내 주위에 있는 모든 사람들이 변화된 내 모습을 보고 반하게 하자! 넷째, 남을 배려할 줄 아는 마음은 곧 나 자신을 배려하는 것이라는 마음을 항상 갖자! 다섯째, 타인을 대하는 것처럼 아내와 아이에게도 항상 웃는 모습으로 대하자!"

교육의 철칙에 이런 것이 있습니다. "다른 사람은 절대 바꿀 수 없다. 다른 사람을 바꿀 수 있는 유일한 방법은 내가 바뀌는 것이다." 우리가 살고 있는 세상의 모든 것은 내가 마음먹고 행동한 것에 대해 반응하는 메아리와 같은 것입니다. 메아리 소리가 마음에 안 든다고 메아리를 탓할 수 있겠습니까? 메아리 소리를 바꾸려면 내 목소리부터 먼저 바꾸어야 하는 것이죠.

세상은 내 목소리에 대한 메아리

자식을 키우는 것도 그렇습니다. 나는 아이들이 어릴 적엔 굉장히 엄하고 무서운 아빠였습니다. 속으로는 다정하고 친근한 아빠가 되고도 싶었지만, 잘해주면 나약해지고 버릇이 나빠질 거라는 생각에

엄하게 키웠습니다. 언젠가는 아이들도 그런 나의 마음을 알고 고마워할 날이 있을 것이라고 생각했습니다. 언니, 오빠들에게 맞아 울고 들어온 어린아이에게 왜 우냐고, 똑바로 논리적으로 가서 따지라고 다그쳤습니다. 5살 난 어린아이를 20살 이상 된 어른으로 바꾸려 했던 것입니다. 자연히 아이들은 엄하고 무서운 아빠와 눈조차 마주치는 것을 어려워하며 슬슬 피하기 시작했습니다.

그러나 마음공부를 하고 나서부터 그것이 얼마나 나 혼자만의 잘못된 틀을 들이댄 것이었다는 것을 깨닫게 되었습니다. 그리고 자식조차도 내 마음대로 바꿀 수 없는 존재라는 것을 알게 되었습니다. 그리고 아이들에게 내 틀을 강요하기보다는 그저 애정어린 마음으로 지켜봐주고 내 스스로 변화하려고 노력하기 시작했을 때, 아이들은 아빠에게 닫힌 마음을 열고 다가오는 것이었습니다.

저희 연구소에서도 교육을 다녀오면 함께 한 진행팀들이 서로에 대한 피드백을 해줍니다. 설립 초기에는 아직 교육진행이 익숙하지 못해 진행팀 여러 명이 동시에 갔었는데, 다녀오면 서로가 굉장히 힘들어하고 피드백도 좋지 못한 경우가 많았습니다. 조명은 음악을 탓하고, 음악은 주강사를 탓하고, 주강사는 보조강사를 탓하는 것이었습니다. 그런데 진행역량이 향상되고 교육이 많아지면서 한 진행팀 당 인원을 줄이자, 예전보다 일이 많아져 더 힘이 들 텐데도 오히려 팀워크가 좋아지는 것이었습니다. 왜 그럴까? 처음에는 궁금했지만, 이내 그 답을 찾을 수 있었습니다.

함께 간 진행팀의 인원이 많을 때는 자신이 해야 할 역할이 적어져 스스로의 에너지를 충분히 쓰지 못하고 자꾸 다른 사람을 보게 되었던 것입니다. 음악담당이 음악에 집중하지 못하고 자꾸 조명을 탓하고 다른 진행자를 탓하고 있으니, 정작 자기가 맡고 있는 음악에서 실수를 하게 되는 것이지요. 결국 자신이 맡은 일에 최선을 다하지 못했으니 마음이 편안하지 못하고 자신에게나 팀에게나 불만이 쌓이게 되는 것입니다. 반대로 인원이 적을 때는 육체적으로는 힘들지 모르나 자신이 맡은 역할이 커져서 가지고 있는 에너지를 충분히 쓰게 됩니다. 자연히 스스로 맡은 일에 집중해서 최선을 다하게 되어 마음이 뿌듯하고 평화로웠던 것입니다.

진정한 이해가 진정한 최선이다

예전에 어느 책에서 "소와 사자의 사랑이야기"라는 글을 읽은 적이 있습니다. 옛날에 소와 사자가 살고 있었답니다. 둘은 죽도록 사랑했습니다. 마침내 둘은 혼인을 해 살게 되었고, 서로에게 최선을 다하기로 약속하였습니다. 소는 최선을 다해서 맛있는 풀을 날마다 사자에게 대접했습니다. 사자는 싫었지만 참았습니다. 사자도 최선을 다해서 맛있는 살코기를 날마다 소에게 대접했습니다. 소도 괴로웠지만 참았습니다.

그러나 참을성은 한계가 있습니다. 둘은 마주앉아 얘기합니다. 문제를 잘못 풀어놓으면 큰 사건이 되고 맙니다. 소와 사자는 끝내 헤어지고 맙니다. 헤어지면서 서로에게 한 말,

"난 최선을 다했어! 넌 날 위해서 뭘 해주었니?"

소도 사자도 최선을 다했지만, 결국 그들에게 남은 것은 최악의 결과였습니다.

소가 소의 눈으로만 세상을 보고, 사자가 사자의 눈으로만 세상을 보면 그들의 세상은 혼자 사는 무인도와 같을 겁니다. 소의 세상, 사자의 세상일 뿐, 함께 사는 세상은 아닌 것입니다.

소도, 사자도 최선을 다해 서로를 사랑했는데 왜 최악의 결과를 낳고 말았을까요? 그것은 바로 그들이 가진 고정관념의 차이에서 비롯된 관점의 차이 때문에 그렇습니다. 사랑을 주고받는 방식도 다 다르기 때문이지요. 그러나 인간의 감각기관은 불완전하기 때문에 흔히 상대방의 관점을 고려하지 못하고 내 입장만 주장하기가 쉽습니다. 상대방을 위한 배려도, 사랑도 내 방식대로 하는 것이지요.

우리가 살아가면서 이런 일은 종종 일어납니다. 나는 사랑을 표현하기 위해 내 방식대로 어떠한 말과 행동을 했지만, 상대방에게는 그것이 사랑으로 느껴지지 않을 수도 있습니다. 나는 이렇게 해주면 고마워할 것으로 생각하고 배려한 행동인데, 오히려 상대방은 나에게 어떻게 그럴 수가 있냐고 불평을 하고 실망을 하는 경우가 있습니다.

사람과 사람 간의 관계뿐만 아니라 우주와의 에너지 거래법칙에

서도 그렇습니다. 나는 내가 원하는 것을 이루기 위해서 최선을 다해서 노력했다고 생각했는데, 정작 나에게 돌아온 것은 실패와 만족스럽지 못한 결과였을 수도 있습니다.

내가 행한 최선이, 최악의 결과가 아니라 온전히 최선의 결과를 가져오게 하기 위해서는 어떻게 해야 할까요? 나는 항상 서로에게 피드백을 해줄 때면, '넌넌넌을 난난난으로' 이야기하자고 합니다. '넌 이래서 문제고, 넌 저래서 문제고' 하는 것을, '난 이런 점을 잘했고, 난 이런 점을 잘 못했다.'고 스스로에 대해 먼저 말하면 서로 감정을 상하지 않으면서도 충분히 평가를 할 수 있기 때문입니다. 자신의 문제점을 보지 못하면 개선할 수도 없고 서로 원망하고 감정만 쌓이게 되는 것입니다.

'네 탓이야' 하는 '넌넌넌'은 피해의식이고 포스의식에서 나온 것입니다. '내 탓이야' 하는 '난난난'은 주인의식이고 파워의식에서 나온 것입니다. 모든 것을 남의 탓으로 돌리는 사람은 결국 자기 가치를 스스로 종의 가치로 하락시키는 것입니다. 모든 것을 내 탓으로 여길 때 항상 감사하는 마음이 우러나올 수 있습니다. 모든 일은 내 해석의 안경에 따라 창조되는 것이기 때문입니다.

이렇듯 매사에 감사하는 마음을 갖기 위해서는 마음을 표현하는 훈련을 해야 합니다. 감사에도 연습이 필요합니다. 우리는 흔히 감사에 대한 얘기를 하면, "감사할 게 있어야 감사할 것이 아닙니까?" 라는 이야기를 많이 합니다. 그러나 진짜 감사함은 어떠한 경우에도 감사할 수 있는 마음인 것입니다.

마음의 창은 의식의 크기다

아래의 그림 중 〈A〉와 〈B〉를 한번 비교해보십시오. 그림에서 양
쪽 사각형 상자를 'Mental Window,' 즉 '마음의 창' 이라 부르기로
합시다.

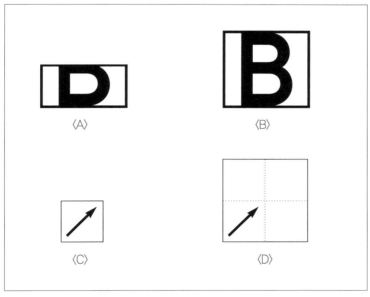

〈표〉 멘탈 윈도우

그림에서 알 수 있듯이 마음의 창이 큰 〈B〉의 경우 〈A〉가 보지 못하는 부분을 보게 됩니다. 〈A〉는 계속 상자 안에 보이는 부분을 알파벳 'D'라고 생각하겠지만, 〈B〉는 이것이 알파벳 'B'라는 것을 확실히 알고 있습니다.

이번에는 〈C〉와 〈D〉를 비교해봅시다. 안쪽의 화살표의 크기는 똑같지만 여백이 되는 창문은 〈D〉쪽이 더 큽니다. 〈D〉가 화살표를 그린다면 아직도 그릴 여백이 많이 남아 있다고 하겠지만, 〈C〉는 똑같은 크기의 화살표를 그리고도 모든 여백을 다 사용해서 최선을 다해 그렸다, 더 이상 그릴 여백이 없다고 할 것입니다.

'마음의 창'이 큰 사람과 작은 사람의 차이는 바로 이런 것입니다. '마음의 창'은 바로 '의식의 크기'를 이야기하는 것으로, '의식의 크기'가 그 사람이 볼 수 있는 범위를 결정합니다. 360도 전체를 다 바라보는 사람이 있는 반면, 자기수준에서 최선을 다해도 60도밖에 바라보지 못하는 사람이 있습니다. 똑같은 것을 보면서도 서로 다르게 해석을 하는 것이지요.

360도를 바라본 사람도, 60도밖에 바라보지 못하는 사람도 자기수준에서는 최선을 다했다고 말할 수 있습니다. 그러나 그것이 과연 진정한 최선이었을까요? 60도밖에 바라보지 못하는 사람이 최선을 다하면, 즉 전체를 바라보지 못하는 사람이 최선을 다하면, 그 최선은 전체에게 오히려 최악이 될 수도 있습니다. 자기가 본 것을 가지고 B를 D라고 최선을 다해 우겨댈 것이며, 아직도 더 그릴 공간이 충분히 남아있는데도 이제는 아무리 노력해봐도 도저히 가능성이 없다고 최선을 다해 주장할 것이기 때문입니다.

그리고 그 사람은 잘못된 결과에 대해 이렇게 불평을 할 것입니다. "나는 최선을 다했는데, 왜 항상 나한테는 이 정도의 결과밖에 안 오는 거지? 세상은 정말 불공평해, 나는 정말 운이 없는 사람이야." 그러나 지금 나에게 주어진 결과는 결국 나의 의식의 창만큼, 내 방식의 최선만큼 이루어진 것이 아닐까요?

간절함으로 의식의 창을 넓혀라

진정한 최선은 진정한 이해에서 비롯됩니다. 내 방식대로, 나만의 시각으로 바라본 최선이 아니라 내가 하고 있는 지금 이 행동이 상대방에게는 최선이 아닐 수도 있다는 것을 인정해야 하는 것입니다. 그렇게 자신의 모습과 상대방의 모습, 내가 원하는 것의 모습을 진정으로 이해하고 받아들일 때 의식의 창은 커지기 시작하는 것입니다.

요즘 기업에서 'Win-Win'에 대한 교육을 많이 하고 있습니다. 서로 상생할 수 있도록 서로 배려하고 도움을 줄 것을 이야기합니다. 그러나 진정한 Win-Win은 무조건 배려하고 열심히 노력한다고 해서 되는 것이 아닙니다. 먼저 의식의 창을 키워 서로를 진정으로 이해하고 어떤 것이 그 사람을 위한, 우리 조직을 위한 진정한 배려인지 깨달았을 때 진정한 최선, Win-Win의 결과를 얻을 수 있을 것입니다. 앞을 못 보는 사람이 똑같이 앞을 못 보는 사람에게 길을 인도할 수 있겠습니까?

지금 나에게 주어진 모든 결과는 결국 나의 의식의 창만큼 주어진 것입니다. 그 결과를 어떻게 해석하느냐, 불평하며 받아들일 것이냐 아니면 감사하게 받아들일 것이냐 하는 것도 나의 의식의 창만큼 해석하게 되는 것입니다. 중요한 것은 우주의 에너지 거래법칙에 의하면, 의식의 창을 키우고 감사하는 마음으로 해석하는 사람에게 더욱 많은 답이 주어진다는 것입니다. 당신은 지금 당신에게 주어진 결과를 어떤 마음으로 해석하겠습니까?

이제 우리가 원하는 것을 이루어주는 5가지 실천방법을 모두 살펴보았습니다. 이들 실천법들을 일상생활 속에서 끊임없이 반복함으로써 시원하게 커진 의식의 창으로 유니넷의 무한보물과 지혜를 마음껏 누리시기를 간절히 바랍니다. 여러분이 그토록 간절히 원했던 모든 답은 이미 여러분 안에 있습니다.

Having-Doing-Being!

실행전략 07

1. 간절함으로 세상을 바라보는 의식의 창을 넓혀라.

2. 사소한 것에 감사하는 마음으로 세상을 대하라.

3. 모든 것에 내가 주인이라는 생각을 가져라.

4. 남을 탓하기보다는 오히려 나를 뒤돌아보는 시간을 가져라.

내가 답을 만나기까지

50대 초반 내 나이 또래의 많은 분들이 그러했듯이, 내 어린 시절의 기억에는 즐겁고 좋은 추억이 많지 않습니다. 가난해서 힘들었던 기억들이 대부분입니다. 여름철에 비만 오면 지금의 정릉천이 넘쳐서 수재민이 되었던 기억, 수제비로 끼니를 때우던 기억, 기성회비를 내지 못해 학교에서 선생님께 따귀를 맞고 집으로 되돌아가곤 했던 기억, 차비가 없어 매일 먼 길을 걸어 다녀야 했던 기억들…. 그런 가운데에서도 장남에게 거는 부모님의 기대를 짐 아닌 짐처럼 늘 지고 살았습니다.

중학교 3학년 겨울, 어머니께서는 찬물로 하숙생 청바지를 빨다가 고혈압과 중풍으로 갑자기 쓰러지셨습니다. 어머니의 억척스러운 생활력 덕분에 그나마 꾸려갈 수 있었던 우리 집은 앞으로 살아갈 길이 막막하기만 했습니다. 저렇게 어머니가 병들어 고생하시는 것은 술 좋아하고 무능력한 아버지 때문이라는 생각에 부자지간 사이도 좋지 않았습니다.

급기야 대학도 떨어지고… 살기 위해서 무언가를 해야만 했던 나는, 목사가 되고 싶었던 꿈을 포기하고 한겨울에 동생들과 함께 버스와 택시운전 기사들을 상대로 신문을 팔았습니다. 어머니는 그 와중에도 아픈 몸을 일으켜 세워 중국집을 운영했고, 나 역시 틈틈이 주방일과 배달을 도왔습니다.

15년 이상을 살았던 동네에서 사춘기의 나이에 철가방을 들고 배달한다는 것이 너무나 창피했습니다. "태익이는 공부를 그렇게 잘한다면서…" 하고 칭찬했던 동네 어른들이, "너도 별수 없었던 게로군…" 하면서 혀를 쯧쯧 차는 소리가 귀에 쟁쟁 울리는 것만 같았습니다.

대학교에는 꼭 진학해야겠다고 다짐했습니다. 재수학원에 등록을 하고, 열심히 공부한 결과 그해 겨울 예비고사를 치르고 2지망에 합격했습니다. 꿈에도 그리던 대학에 입학하게 된 것입니다. 그날 합격자 발표장에 불편한 몸을 이끌고 오신 어머니가 환하게 웃던 모습이 지금도 눈에 선합니다. 생각해보면, 60도 못 채우고 돌아가신 어머니에게 했던 가장 큰 효도였던 것 같습니다. 그러나 그 기쁨도 잠시뿐. 여섯 식구가 간신히 연명하던 형편에 무슨 돈이 있었을까요? 어머니와 아버지는 결국 당신들이 끼고 있던 유일한 재산인 금반지를 다 팔고 빚을 내서 최초의 학비를 마련해주셨습니다. 그

때 제가 도움을 드릴 수 있던 것은 겨우 빨간 캐시미르 이불 한 채를 달랑 들고 집을 나서는 것, 그것뿐이었습니다.

간절히 원하면 이루어진다

닥치는 대로 아르바이트를 했습니다. 가정교사에 입시학원 채점 일을 하면서도 2학기 등록금을 마련하기 위해서는 기필코 장학금을 받아야 했습니다. 나는 벼랑의 끝자락에 서 있는 마음으로 열심히 했습니다. 그 결과 평생 처음으로 장학금 수혜의 대상이 될 수 있었습니다. 실패와 좌절 속에 삶을 원망하는 마음이 깔려 있던 나에게는 엄청난 결과였습니다. 내 인생 전체를 통하여 '자신감'이란 단어를 최초로 경험한 사건이었습니다. 그 이후로 고故 정주영 현대 회장께서 설립한 아산재단 장학생으로 선발이 되었고 졸업할 때까지 학비 걱정을 하지 않아도 되었습니다. 그때부터 뭔가 내가 원하면 이루어진다는 나만의 느낌과 확신을 갖게 되었습니다. 기독교 재단인 한국 삼육 고등학교를 다니면서 기독교 문화가 몸에 밴 나로서는 그 당시 그것을 '하나님의 기도에 대한 응답'이라고 생각했습니다. 두드리면 열릴 것이며, 구하면 얻을 것이라는 신념이 강하게 마음속에 자리 잡게 되었던 것입니다.

얼마 후 ROTC에 지원했으나, 결과는 낙방이었습니다. 이유는 키가 너무 크다는 것이었습니다. 나는 일반병으로 군대를 가는 것이 두려웠습니다. 우선 아산장학금을 포기해야 했고, 장교로 군대를 가야겠다는 어린 시절의 포부를 포기할 수가 없었습니다. 학군단장을 만나고 관계자들을 만나서 저의 의지를 관철시켰습니다. 어떻게 했는지 잘 기억은 나지 않지만, 분명한 것은 학비문제가 절박했고 반드시 장교로 군대를 가야 한다는 일념으로 여러 곳을 찾아다니며 호소를 했던 것으로 기억됩니다. 결국 ROTC에 응시할 수 있는 자격을 얻었고, 3,000여 명이 넘는 전국의 동기생들을 제치고 국방부장관상을 수상하면서 당당하게 소위에 임관하게 되었습니다. 2년 반 동안 장교생활 속에서도 소대장으로, 연락장교로, 하사관 학교 교관생활을 하면서 1등을 놓친 적이 없었습니다. 마음속으로 원하던 것을 얻었고, 계속적으로 하면 된다는 강한 신념이 하나 둘씩 쌓여져 갔습니다.

군대를 제대하고 종합상사에 입사해 일을 하면서도 혼자만이 갖고 있던 직관 프로그램을 늘 불러서 사용하고 있었습니다. 마치 요술램프처럼 마음속으로 세팅을 해놓으면 그 어렵던 일들이 뜻하지 않은 경로를 통해서 계속적으로 이루어지는 경험들을 하면서 언제나 스스로를 믿고 일을 맡겼습니다.

내면에서 들려오는 목소리를 가만히 듣고 있으면 해결의 실마리가 풀려나갔습니다. 원하는 것을 스스로에게 이야기해놓고 며칠을 기다리면 내면에서 어느 순간 "이렇게 해!"라는 소리가 들려왔습니다. 어떤 때는 누군가의 얼굴을 보여주기도 했습니다. 그러면 그 사람이 문득 나타나 해결의 실마리를 던져주고 가는 것이었습니다.

어떻게 이럴 수가 있을까? 스스로도 놀라웠습니다. 마음속으로 냉면을 먹고 싶다고 생각하고 있을 때는 상사가 갑자기 냉면을 먹으러 가자고 합니다. 모두가 퇴근한 후 아무도 없는 상황에서 외국 바이어에게 걸려오는 긴급한 전화에, 평상시에는 잘 들리지도, 또 입이 떨어지지도 않던 영어가 왜 그리 절로 나오고 잘 들리는지요? 통관이 안 된다던 일도 어떻게 하면 풀릴까 하고 문제를 내주고 곰곰이 기다리면, 갑자기 어디서 그렇게 기막힌 방법들이 떠오르는지요? 분명한 것은 무엇인가를 원할 때, 그것이 내면의 소리와 일치되어야 한다는 것이었습니다. 내가 하겠다고 하면 반드시 이루어진다는 확신으로 추호의 의심도 없이 밀고나갈 때 더욱 잘 이루어졌습니다. 그렇게 뭔가 문제에 집중하면 얼음이 녹아 물이 되듯 술술 풀리는 경험을 수없이 하면서 "나는 참으로 하늘이 선택한 사람인가 보다…" 하는 착각에 빠진 적도 많았습니다.

인생의 좌절을 맛보다

그렇게 모든 것이 잘 풀리는 듯했지만, 어린 시절부터 돈 때문에 받은 수모와 마음의 상처, 분노로 인하여 "어떻게 하면 빠른 시간 내에 내가 원하는 만큼 돈을 벌 수 있을까?" 하고 고민하던 나는 국내기업에서 이 문제를 풀기는 어렵다는 판단이 들었습니다. 답은 회사를 옮기는 것이었습니다. 능력에 따라 인센티브가 주어지고, 모든 가능성이 열려 있는 외국계 컴퓨터 회사로 과감히 직장을 옮겼습니다. 세계 최초로 상용컴퓨터를 발명한 유명회사였습니다.

그러나 개인용 컴퓨터도 아니고, 은행이나 관공서의 전산시스템용으로 사용되는 대형컴퓨터를 영업하는 일이 생각처럼 그리 쉽지만은 않았습니다. 입사 후 2년 동안 한 대도 팔지 못하는 좌절과 고통을 겪어야 했습니다. 더구나 입사한 지 한 달이 채 못 되어 종격동 종양이라는 병으로 서울대학병원에서 큰 수술을 받아야 했습니다. 1984년의 일이었습니다. 당시 수술비는 물론 당장 생활비조차 마련하기가 힘들었습니다. 외국계 컴퓨터 회사로 옮긴지 3개월 이내의 수습기간에 발생된 일이기 때문에 근무하지 않은 기간의 월급은 한 푼도 줄 수 없다는 것이 회사규정이었습니다. 결국 아내에게는 비밀로 하고 친구들에게 생활비와 수술비를 빌려서 지낼 수밖에 없었습니다. 그때 이미 여섯 살과 두 살배기 남매, 그리고 병드신 부모님을 모시고 있는 가장이었던 것입니다. 수술 후 몸조리를 해야 했으나, 출근을 해야 월급을 받을 수 있으므로 조기에 퇴원을 했습니다. 왼쪽 어깨를 절개하여 갈비뼈를 벌리고 종양을 제거하는 대수술을 받았으니 숨 쉬고 걷는 것조차 힘들었지만, 이를 악물고 출근을 했습니다. "두고 보자! 내가 이 회사에서 성공하지 않고서는 절대로 물러서지 않겠다." 그런 약속을 나 자신에게 했습니다.

그해 여름 7월, 미국 본사의 세일즈 교육을 받으러 처음으로 45일간 외국생활을 경험했습니다. 할렘가 뒷골목에서 맞아 죽을 뻔한 경험까지 하면서 외국생활에 대한 막연한 환상을 완전히 벗어버리게 되었습니다.

그리고 돌아와서 몇 개월이 지나지 않아, 회사에서 급작스런 아버지의 사망소식을 접하게 되었습니다. 임종조차 끝내 보지 못한 아버지를 한겨울 땅에 묻으면서, 얼마나 서럽게 울었는지 모릅니다. 지난 세월 동안 얼마나 미워했는지 모를 아버지. 13년간이나 중풍으로 앓아누운 어머니 때문에 40대 중반부터 병수발을 해야 했던 측은하고 불쌍한 아버지. 얼마나 힘이 들었으면 산송장이나 다름없는 어머니를 두고 먼저 눈을 감았는지? 온갖 미움과 사랑과 측은지심이 뒤범벅이 되어 한없이 얼어붙은 땅을 움켜잡고 울었습니다. 효도 한번 해보지도 못하고, 원망의 실타래를 채 해원하지도 못하고 땅속으로 묻히는 한 존재를 보면서 하늘이 터져라 목 놓아 울었습니다. 그리고 26일 후 어머니도 눈을 감으셨습니다. 한 많은 설움과 추억을 뒤로한 채, 당신의 남편을 바로 따라나섰습니다. 스물아홉의 1984년은 나에게 너무나 큰 시련을 안겨준 한 해였습니다.

경제적으로도, 가정적으로도, 안팎으로 일어난 어려움을 딛고 일어나 보려고 온갖 노력을 기울였습니다. 그동안에는 내가 원하는 것은 무엇이든지 이루어낼 수 있다는 신념을 갖고 살았는데, 회사를 옮기면서부터는 그것이 잘 이루어지지 않았습니다. 그렇게 2년 동안을 판매실적 없이 상사들 눈치만 보면서 살았던 것입니다. "왜?

내가 왜 이렇지? 내가 원하는 것들은 거의 모두 이루고 살아왔는데… 왜 안 되는 거지?" 의욕만 앞섰지 컴퓨터에 대해 문외한이었던 나는 너무나 힘이 들었습니다. 대학교 시절 장학금을 받으면서부터 시작되었던 자부심이 알 수 없는 위기를 맞고 있었습니다.

나중에 마음공부를 하고 우주에서의 에너지 거래법칙을 깨닫고 나서야 그때 어려웠던 이유가 이해가 되었습니다. 그렇게 큰 대형컴퓨터를 팔정도로 나에게 축적된 에너지가 없었던 것입니다. 에너지 투자의 부족이었습니다. 고등학교 성경 시간에 배웠던 기도의 응답 3가지(Yes, No, Wait) 중 'Wait' 상태였던 것입니다. 우주 생명에너지의 거래법칙에서 임계질량을 채우기 위한 투자가 더 필요했던 것입니다. 그렇게 2년여의 에너지를 투자하고 나서야 내면에서 우러나오는 가능성으로 부터의 응답은 서서히 다가오고 있었습니다.

작은 차이에서 성공이 시작되다

제일 처음 받은 답은 가능성이 전혀 없어 보이는 프로젝트를 성사시킨 것이었습니다. 정부 조달기관의 대형컴퓨터 입찰 건으로, 당시 돈으로 100만 불짜리 프로젝트였습니다. 우리 회사는 가격입찰에서 가장 비싼 가격을 써넣어 이미 희망이 없어 보였습니다. 회사에서도 미국 본사에 이미 안 되는 것으로 정리보고를 한 상태였습니다. 그러나 나는 포기할 수가 없었습니다. 2년 만에 처음으로 주어진 프로젝트였는데…. 물론 가능성이 전혀 없어 보이므로 마무리 잔업이나 하라고 던져준 것일지도 몰랐지만, 3년 안에 목표달성을 하지 못하면 직장을 나가야 했기에 어떻게 해서든 풀어나가야 했습니다. 여의도 한강변을 돌면서, "길이 없을까? 반드시 뒤집을 수 있는 그 무엇이 없을까?" 스스로에게 끊임없이 질문을 던지고 있었습니다. 그러다가 문득 수많은 질문 속에서 마침내 그 답을 보게 된 것입니다. 규격심사에서 경쟁회사를 뒤집는 장면이 확연하게 떠올랐습니다. "바로 그거야! 뭔가 잘못된 부분이 있을지도 몰라, 규격미달을 찾으면 된다." 경쟁회사들의 카탈로그와 그곳에서 요청한 규격간의 오차를 찾는 작업을 시작했습니다. 그 예측은 정확히 적중했습니다. 규격미달 항목을 발견했을 뿐만 아니라, 1위로 입찰되었던 회사가 규격을 속여서 카탈로그를 재인쇄한 사실을 발견한 것입니다. 그리고 12월 31일, 3년의 고생 끝에 거머쥔 계약서를 들고 보란 듯이 회사 문을 박차고 들어갈 수 있었습니다. 어떻게 보면 목숨을 걸고 했던 뒤집기 한판이었습니다. 그 프로젝트는 1년 가까이 고생을 하면서 나 자신의 생명에너지와 맞바꾸었다는 것이 맞을 것입니다. 기적적으로 이 프로젝트를 성공시킨 후 회사로부터의 신뢰를 차츰 쌓아나갔습니다. 이것을 계기로 잃어버린 자신감을 되찾았고, 그 이후로 많은 목표를 세우고 원하는 것을 이루어나갔습니다. 당시 마음속으로 원했던 나의 비전들은 다음과 같았습니다.

- 5년 연속 목표를 초과달성했을 때 수여되는 다이아몬드가 박힌 금장시계를 받아보겠다.
- 세계 탑 세일즈맨에게 수여되는 부부동반 세계일주 여행권을 꼭 받고야 말겠다.
- 최연소, 초고속 승진을 통해서 재정적인 수입기록을 갱신해보겠다.
- 한국 통신업계 시장을 석권해서 하나의 독립본부를 만들어 책임자가 되겠다.

나는 내 안에 잠든 모든 가능성을 깨움으로써 그 당시의 비전들을 13년 직장생활 동안에 모두 이룰 수 있었습니다. 아시아 지역은 시장 규모가 작아 모두가 불가능하다고 생각했던 '세계 탑 세일즈맨 상'을 수상했으며, 사장보다도 많은 월급을 받아 회사의 급여 프로그램을 고쳐야 할 정도였고, 7년 연속 목표 초과달성을 이루어 다이아몬드가 더 많이 박힌 금장시계를 받았습니다.

그러나 그러한 목표가 다 이루어질 무렵, 가슴 한구석에 뭔가 허전함을 느꼈습니다. 그토록 원했고 갖고 싶었던 것을 다 이루었음에도 몸은 한쪽으로 틀어져 건강이 나빠져 있었고, 힘들게 세운 공든 탑 뒤에 꿈틀거리고 있는 자만심과 교만함이 주위에 삐걱거리는 에너지를 내뿜으며 새로운 경영진들과 마찰을 빚기 시작했던 것입니다. 가정에서도 마찬가지였습니다. 내가 집에 들어가기만 하면 아이들은 자기들 방으로 황급히 사라졌고, 집사람은 언제 터질지 모르는 고장 난 시한폭탄과 같은 남편 눈치를 보느라 늘 노심초사하고 있었습니다. 어쩌면 차라리 집에 들어오지 않는 것이 식구들에게 더 편했는지도 모릅니다.

　그것은 분명 반쪽의 성공이었습니다. 어느새 마음 한구석에서는 완전한 성공을 갈망하는 새로운 내면의 목소리가 들리고 있었습니다.

답(DAP)을 깨우치다

　가슴 한구석에서 자꾸만 울려나오는 내면의 소리는, 나에게 결단을 요구하고 있었습니다. 그 당시의 성공에 안주할 것인지, 새로운 변화를 찾아 도전할 것인지 묻고 있었습니다. 경제적인 안정과 성공이라는 외투를 입었음에도 가슴 한 구석이 서늘했던 것은 왜였을까요? 진정으로 내가 원하는 것이 무엇인지, 내 인생의 사명이 무엇인지 자문하는 시간들이 많아졌습니다. 그런 시간 속에서 나 자신이 스스로에게 했던 약속을 지키지 못했다는 것과 살아오면서 맞닥뜨렸던 세 번의 죽을 고비가 우연으로 넘겨버릴 일은 아니라는 자각이 들었습니다. 이제 죽음의 문턱을 세 번이나 오갔던 나의 체험과 그 와중에 "세상에서 가장 큰 일을 하겠다."고 맹세한 스스로와의 약속을 이야기해야 할 것 같습니다. 그래야 내가 내 안의 가능성과 만나고 답을 구하기까지의 과정을 설명할 수 있기 때문입니다.

　사춘기 때 누구나 한번쯤은 삶과 죽음의 문제에 대해 고민하는 시간을 가졌을 것입니다. 나는 일찍부터 삶과 죽음에 대해 유난히 관심이 많았습니다. 중학교 시절 안암동 거리를 걸으며 문득 '인생은 윤회輪廻'라는 분명한 내면의 음성을 듣게 되었고 그것을 당연한 것으로 생각했습니다. 이후 정신세계에 더욱 관심을 가지게 되면서 안식일 교회 재단인 삼육 고등학교에 진학하여 목사로서의 꿈을 키워나 갔지만, 기독교 교리와 인생은 윤회한다는 사실이 내 속에서는 전혀 충돌을 일으키지 않았습니다. '예수님의 말씀과 행적도 진실이고 사람은 윤회한다는 것도 진실이다.' 그런 생각들을 내 속에 갈무리하면서 생활했던 것 같습니다. 바로 그 시절, 의식 속에 잠들어 있던 가능성의 존재를 알려준 첫 번째 죽음의 고비를 경험하게 됩니다.

고등학교 1학년 때 친구들과 함께 팔당 근처 퇴촌이라는 곳에서 물놀이를 하다가 경험한 일입니다. 당시 수영을 배운 지 얼마 안 되지만, 내 딴에는 제법 잘 한다고 생각했나 봅니다. 몸이 물 위로 떠오를 때의 그 느낌은 참으로 재미있고 신비했습니다. 그 느낌을 즐기며 정신없이 헤엄을 치다가, 문득 뒤돌아보니 강기슭이 까마득했습니다. 되돌아가기엔 너무 먼 거리였습니다. 소리를 쳐봤지만 듣는 사람은 없었고, 차츰 힘이 빠져나가면서 물속과 물위를 오르락내리락하는 사이에 점점 힘은 바닥나고 있었습니다.

어느 순간 '아! 이런 것이구나, 죽는다는 것이 이런 것이구나.' 하는 생각이 들었습니다. 그렇게 모든 것을 포기하고 죽음을 받아들인 바로 그 순간, 갑자기 모든 사물이 정지해버린 듯, 끝없는 빛 속으로 빨려 들어가듯 너무나 편안한 상태가 되었습니다. 그러자 가

물거리던 의식의 화면 위에 지난 17년간의 기억들이 너무도 선명하게, 영화필름처럼 빠르게 돌아가기 시작했습니다. 어머니와 함께 어릴 적 소풍을 갔던 일, 친구들과 함께 캠핑을 갔다가 텐트 속에 배낭을 두고 온 일, 이웃동네 아이와 싸움을 벌였던 일, 초등학교 졸업식장에서 상장을 받던 일….

불과 10초 되었을까요? 나는 '이제 죽었구나.' 하는 그 짧은 순간에 17년 동안의 모든 과거들을 생생하게 바라볼 수 있었습니다. 그때까지 살아온 인생 전부를 빠짐없이 지켜보았던 것입니다. 평소에는 전혀 생각지도 않았던 잊혀진 기억까지도…. 그렇게 편안함 속에서 의식을 잃어가던 중 누군가가 내 손을 잡았다는 느낌이 들었고, 정신을 차렸을 때는 텐트 속에 누워 있었습니다.

그후 한참이 지난 뒤 사후세계에 관한 책을 읽을 기회가 있었는데, 그것을 읽으면서 무척이나 놀랐던 기억이 새롭습니다. 물에 빠져 죽음의 문턱 바로 앞까지 갔었던 사람들의 경험 내용이 너무나도 내 경험과 일치했기 때문입니다. 내가 경험했던 그 특별한 일이 누구나 그런 상황에 직면하면 경험하는 일이라는 것을 알았을 때의 놀라움!

죽음의 문턱까지 갔었던 그 첫 번째 경험을 통해 '우주 어딘가에는 우리가 살면서 행한 모든 좋은 일들과 나쁜 일, 그 일을 하면서 가졌던 생각들까지도 지울 수 없는 흔적으로 기록되고 있다. 우리는 죽음 바로 직전에 하늘과 연결된 어떤 줄을 통해 자신의 개인 파

일을 받아본다.' 는 사실을 깨닫게 되었습니다. 즉 '내 삶의 모든 경험과 정보, 답은 우주 안에 기록되어있으며, 그 우주 데이터에 접속함으로써 얻을 수 있다.' 는 첫 번째 원리를 깨우친 것입니다.

세상에서 가장 큰 일을 결심하다

두 번째 죽음의 고비는 앞에서 말한 대로 외국계 컴퓨터 회사에 입사했다는 기쁨이 채 가시기도 전에 찾아왔습니다. 회사에서 신체검사를 받았는데 아무래도 큰 병원에 가서 정밀검사를 받는 것이 좋겠다는 통보가 왔던 것입니다. 곧바로 서울대학병원에서 정밀검사를 받았는데, 결과는 '종격동 종양' 이라는 생소한 병이었습니다. 의사는 바로 수술을 해야 한다고 말했습니다.

"종양? 내가 무슨 암이라도 걸렸단 말인가?" 공포가 엄습해 왔고, 입사한 지 한 달도 채 안 되어 꼼짝없이 병원 침대에 누워 수술 날짜만 기다리는 신세가 되었습니다. 죽음의 공포 앞에서는 지푸라기라도 잡고 싶은 것이 인간의 자연스런 마음일까요? 가난 때문에 하나님을 원망하며 목사로서의 길을 포기하고 살았던 나는 수술실로 들어가면서, "여기서 살아날 수만 있다면 반드시 하나님의 뜻대로 세상에서 가장 큰 일을 하겠습니다!" 라는 약속을 했습니다. 불쑥 튀어나온 말이었지만, 이후 두고두고 삶의 숙제로 다가왔던 엄청난 약속이었습니다. 다행히 수술은 성공적으로 끝났고, 중환자실에 입

원해 있으면서 많은 것을 느끼고 생각하게 되었습니다. 중환자실은
마치 삶과 죽음의 경계와도 같았습니다. 멀쩡하던 사람이 갑자기
죽어나가는 모습도 옆에서 보았고, 그곳에서 "뿌린 대로 거둔다."
는 말이 왜 그리 실감나게 다가왔을까요.

　"나는 왜 갑자기 이런 병에 걸렸을까? 그것도 젊은 나이에…." 스
스로에게 묻는 그 질문 앞에서 나는 오랫동안 머물러 있었습니다.
살아오면서 겪어온 크고 작은 다툼들, 미움의 감정들, 원망의 순간
들이 수없이 스쳐 지나갔습니다. 그 중에 "이것이다!" 하고 꼭 집
어 답을 찾을 수는 없었지만, 어쨌든 내가 뿌린 어떤 씨앗이 종양
이라는 결과로 내 앞에 놓여 있다는 사실을 받아들일 수밖에 없었
습니다.

　두고두고 숙제가 된 스스로와의 약속과 함께, '지금 내 앞에 있는
모든 결과는 바로 나 자신의 마음에서 비롯된 것'이라는 두 번째 원
리를 그렇게 병실에서 깨닫게 된 것입니다.

불가능을 가능하게 한 간절함

　세 번째 죽음의 문턱을 경험한 것은, 외국계 회사에서 컴퓨터 세
일즈를 하면서 5년 연속 쿼터 달성으로 승승장구하던 때였습니다.
그동안의 성과에 대한 포상으로 회사에서는 바하마 해변에서 휴양
을 즐길 수 있도록 배려했습니다. 그해 여름 바하마 해변은 참으로

아름다웠고 제 주위엔 온통 즐거움만이 가득했습니다. 모든 것을 훌훌 털어내고 단지 즐기기만 하면 되는 시간들. 온몸으로 그 시간들을 만끽하며 수영을 즐기고 있을 때였습니다.

해변 근처에서 수영을 하고 있는데, 바로 옆에서 네 명의 사내가 5~6인용 보트 한 척을 해변으로 끌어내고 있었습니다. 갑자기 거센 파도가 들이닥쳤고 보트가 파도에 미끄러지면서 사내들은 줄을 놓치고 말았습니다. 저를 향해 곧장 내리 덮치는 보트. 순식간의 일이었고 미처 몸을 피하지 못하는 사이, 집채만 한 보트가 정강이 부분부터 차례로 위쪽으로 치고 들어왔습니다. 그런데 불과 1초도 되지 않는 눈 깜박할 그 찰나에 참으로 이상한 일이 일어났습니다. 보트가 정강이를 긁으며 몸 위로 올라오는 순간순간이 마치 느린 화면을 보는 것처럼 한 동작 한 동작 분리되어 보였습니다. '아, 시간이라는 것이 고무줄처럼 늘어날 수도 있구나!' 라는 생각을 하면서, 나는 아픔이나 두려움보다는 신기하다는 마음으로 편안하게 그 장면을 지켜보고 있는 또 다른 존재가 있다는 사실을 깨닫게 되었습니다.

그러나 보트가 차츰 허벅지 쪽으로 이동하는 것을 느끼면서, 갑자기 피투성이가 되어 죽어 있는 내 모습이 떠올랐습니다. 이렇게 죽을 수는 없다는 생각이 들었고, 살아야겠다는 생각이 번개처럼 온몸에 전율을 일으켰습니다.

바로 그 순간, 건강한 장정 오륙 명이 힘을 합쳐야 겨우 끌 수 있는 그 보트를 번쩍 들어올려 옆으로 던져버렸습니다. 그 짧은 순간에 옆으로 밀려난 보트가 반동 때문에 다시 나를 덮칠 것이라는 생각이 들었고, 본능적으로 유격훈련을 받듯이 옆으로 몸을 굴려 보트를 피했습니다. 보트는 바로 '쾅!' 하고 물살을 가르며 옆을 지나갔고, 비로소 살았다는 안도감과 함께 정신을 잃고 말았습니다.

웅성거리는 소리에 눈을 떴을 때, 주위엔 여러 얼굴들이 나를 지켜보고 있었습니다. 사람들이 둘러싸고 있다는 사실을 인식하면서부터 아픔이 밀려오기 시작했습니다. 다리는 뼈가 드러나 있었고 쉼 없이 피가 쏟아져 나오고 있었습니다. 그런데 주위에 모여든 사람들은 그저 놀란 눈으로 웅성거릴 뿐이었습니다. 방금 전에 일어난 일이 도무지 믿기지 않는다는 표정으로 보트와 나를 번갈아 쳐다보는 사람도 있었습니다.

어떻게 5~6인용 보트를 혼자 힘으로 집어던질 수 있었을까? 누군가 연락을 했는지 구급차에 실려 병원에 가면서도 내내 그 생각을 하고 있었습니다. 지금도 그때 그 힘이 내 스스로의 것이라는 생각은 차마 들지 않습니다. 생명이 위협받는 절체절명의 위기상황 속에서 살아야겠다는 의지가 시간과 공간, 물리적인 힘의 한계를 훌쩍 뛰어넘는 초인적인 생명에너지를 흔들어 깨운 것이 아닐까요?

그 일이 있고 난 후, '내가 몸을 부딪치며 살아가고 있는 이 세계와 포개진, 보이지 않는 또 하나의 다른 세계가 있다. 그 가능성의 세계에 닿으면 인간은 무한한 생명에너지를 끌어올 수 있다!' 는 원리를 깨닫게 되었습니다. 바로 이 세 번의 죽을 고비가 훗날 나에게 간절히 원하면 이루어지는 내 안의 가능성의 실체를 깨닫게 해준 씨앗이 되었습니다.

다리에 깁스를 하고 병원에 누워 있으니 별별 생각이 다 들었습니다. "나는 왜 자꾸 이런 일을 당하는 걸까?" 그러다 문득 예전에 종격동 종양 수술을 하면서 목숨을 걸고 맹세한 약속이 생각났습니다. "그때 살려만 준다면 세상에서 가장 큰 일을 하겠다."고 했던 약속. 하나님과의 약속일 수도 있고 나 자신과의 약속일 수도 있었습니다. 그때부터 '세상에서 가장 큰 일이란 과연 무엇일까?' 하는 고민이 시작되었습니다.

그러나 그것도 잠시뿐, 모처럼의 휴양기간을 마치고 한국으로 돌아온 나는 한 달 동안의 입원치료기간을 마치자 어느새 다시 숨 가쁘게 돌아가는 현실에 정신을 팔고 있었습니다. 달라진 것은 세일즈 실적이 어느 정도 괘도에 오르면서 예전보다 시간적으로 여유가 생겼고, 상사의 권유로 1991년부터 1993년까지 연세대학교 경영대학원에서 경영학 석사과정을 밟을 수 있었던 것입니다. 오랜만에 여러 사람들과 어울려 공부를 하면서, 이 공부가 사회에 뭔가 공헌하는 데 씌어졌으면 하는 바람이 참으로 많았습니다.

그러던 차에 오랫동안 마음속으로만 갈망해왔던 정신세계의 공부를 할 수 있는 시간과 기회가 주어졌습니다. 인간의식의 내면을 공부하면서, 그토록 궁금하고 신비의 베일 속에 가려져 있던 그 힘이 바로 보이지 않는 에너지의 세계였음을 체험을 통해 깨닫게 되었습니다. 그리고 오랜 심신수행 끝에 에너지흐름과 그 법칙을 터득하게 되면서, 체험으로만 느꼈던 내면의 가능성에 대해 과학적이고 이론적인 근거들을 정리할 수가 있었습니다.

무엇보다도 기쁘고 감사한 것은, 명상과 수행을 통해 내면의 소리를 들으면서 '가르치는 기쁨'이 내 내면에 중요한 가치관으로 자리 잡고 있다는 사실을 발견한 것입니다. 그리고 그토록 돈을 벌고자 했던 욕망이 사실은 많은 돈을 벌어서 어렵게 살았던 동생들과 나를 도와줬던 친척들, 그리고 가난에 처한 많은 사람들에게 나누어주고 싶었던 내면의 욕구였음을 발견한 것입니다. 돈을 많이 벌어야만 하는 분명한 이유가 있었던 것입니다.

그럼 가르치는 기쁨과 돈 버는 기쁨을 함께 만족시켜줄 수 있는 것이 과연 무엇일까? 나는 또 내 자신에게 물어보았습니다. 그렇게 스스로에게 질문한 지 얼마 안 되어 우연히 대학원에서 기업교육에 관한 안내책자를 보게 되었습니다.

그리고 그 순간, 뇌에서 번쩍이는 섬광이 일어나는 것을 느꼈습니다. 지난 40년 동안 살아왔던 인생의 사건들 하나하나가 한 방향으로 연결되면서, 내가 체험을 통해서 깨달았던 내 안의 가능성을 찾는 원리를 기업의 직장인들에게 가르치고 그로 인해 우리 기업들이 부를 창출해서 세상에 유익한 일을 하는 장면이 눈앞에 떠오른 것입니다.

그것은 바로 내가 마음속으로 그토록 간절히 찾던 세상에서 가장 큰 일이었습니다. 반쪽의 성공에서 완전한 성공을 향한 실마리가 조금씩 풀려나가는 순간이었습니다.

반쪽의 성공에서 진정한 성공으로

삶의 목적과 의미를 되찾은 나는, 2년 동안 많은 망설임과 고민 끝에 사회적인 부와 성공을 약속하는 회사를 그만두기로 결심했습니다. 무엇보다도 있는 그대로의 나의 모습을 찾아 그에 응할 수 있도록 내 사명을 이루는 것이 중요하다는 결론이었습니다. 막상 회사를 정리하기로 결심을 굳히자, 외국의 컴퓨터 및 통신관련 업체들로부터 한국 현지법인의 지사장을 맡아 달라는 억대 연봉의 스카우트 제의가 들어오곤 했습니다. 그러나 이미 그때는 마음의 정리를 끝낸 상태였고 또 다른 물질세계의 유혹이려니 하고 눈을 질끈 감아버렸습니다.

나는 내가 찾은 원리를 개발하고 보급해서, 정신과 물질의 조화와 균형을 통해 개인과 조직이 더불어 성공할 수 있는 길을 기업의 최고경영자들에게 전해야겠다는 생각으로 새로이 산업교육 전문회사를 설립하고자 했습니다.

그러나 그전에 먼저 풀어야 할 숙제가 기다리고 있었습니다. 내가 고민한 첫 번째 경영과제는, "구성원들의 순수한 열정과 회사에 헌신하는 마음, 조직의 높은 의식적 힘을 어떻게 현실적인 경영마인

드와 결합시켜 성과의 열매를 맺을 것인가?" 하는 것이었습니다.

우선 조직 전체에 '100일 비상체제'를 걸고 경영마인드를 불어넣어 강력하게 비전을 추진해나갔습니다. 구성원들 모두가 예전의 2~3배로 일해야 했지만, 성장의 기쁨 속에서 오히려 예전보다 더욱 열정적으로 일하며 잠재되어 있던 능력들을 발휘했습니다.

그것은 누구 하나의 힘으로 이루어진 것이 아니라, 혼신의 힘을 다 바쳐 전체사업에 참여했던 모든 구성원들의 하나 된 마음과 높은 의식이 이루어낸 성과였습니다. 또한 거기에는 의식세계의 잠들어 있던 무한가능성이 발휘되는 신비한 힘이 있었습니다. 해결해야 할 일이 있으면 스스로에게 물어보고 답을 받아 그것을 정확히 쓴 덕분에 귀중한 시간낭비, 에너지낭비를 하지 않을 수 있었습니다. 별다른 전문가나 컨설팅기관의 자문도 구할 필요가 없었습니다. 그저 비전을 세우고 내 의식 속의 무한가능성을 깨우기만 하면 정확히 그것을 이룰 수 있는 기상천외한 방법들이 무수히 쏟아져 내렸기 때문입니다. 덕분에 나는 그곳의 구성원들과 함께 많은 일들을 이루어 낼 수가 있었습니다. 개인과 조직의 의식변화를 통한 자발적인 동기부여와 열정이 한 조직의 성장과 생산성향상에 얼마나 크게 영향을 주는지 몸소 체험할 수 있었던 크나큰 경험이었습니다.

40여 년간 사회에서 경험했던 물질적인 성공과 그곳에서 2년간 경험했던 정신공부를 바탕으로 반쪽의 성공에서 진정한 완성으로 가는 답을 보았던 것입니다. 의식성장을 위하여 산속으로 들어가지 않아도, 돈을 벌기 위해서 의식의 성장을 외면하지 않아도, 현실 속에서 얼마든지 돈도 벌고 자신의 가치도 실현하고 사회에 공헌까지 하면서 물질과 정신이 결합된 완전한 성공, 즉 완성完成의 길을 걸어갈 수 있는 길이 바로 눈앞에 펼쳐져 있었습니다.

내가 찾던 세상에서 가장 큰 일

"아니, 이런 IMF 상황에 당장 월급 줄 돈도 없는데 어떤 기업에서 의식교육에 투자를 하겠습니까?"

"유명강사가 있어도 될까 말까 한데, 경험도 없는 사람들을 데리고 어떻게 하겠다는 겁니까?"

"미국에서 계속 활동하시지 뭐 하러 한국에 들어옵니까? 지금이라도 늦지 않았으니까 제발 그만두시죠."

1997년 3월, 나는 뜻하는 바를 이루기 위하여 회사를 설립하고 국내 산업교육계에 뛰어들었습니다. 주변사람들 대부분은 무모한 계획과 행동이라며 만류를 했습니다. 그도 그럴 것이 갑작스럽게 다가온 IMF 경제상황이라는 위기 속에서 거의 모든 기업들이 뼈를 깎는 아픔을 경험하고 있었기 때문입니다. 구조조정, 법정관리, 인수합병 등 생존 차원의 몸부림이 계속되는 가운데 기업들은 경비절감을 위해 교육비부터 삭감하는 추세였습니다.

더구나 그런 상황 속에서 당장 업무에 필요한 기술교육이나 직무

교육도 아니고, 사원들의 의식변화를 위한 교육에 투자를 한다는 것은 보통 기업으로서는 상상하기조차 어려웠습니다. 주위의 모든 사람들이 내가 하고 있는 의식변화 교육은 절대로 성공할 수도 없고 향후 10년간은 시장성도 기대할 수 없다며 걱정했습니다.

그럴수록 나는 강한 확신을 가졌습니다. 그것은 고집 때문이 아니라 IMF 상황에 대한 내 판단 때문이었습니다. "IMF 상황을 맞게 된 근본 원인은 결국 보이지 않는 의식의 문제이고 우리나라의 미래는 의식의 변화를 통해서만이 밝아질 수 있으며, 이런 때일수록 경제를 책임지는 기업에서 의식교육에 투자를 해야 할 것이다. 기업이 살아야 그 구성원들의 가족도 잘 살 수 있을 것이고, 그래야 이 나라가 잘 될 수 있다!'는 나름대로의 가치관과 사명감을 가지고 조금씩 우리만의 의식교육법을 알려나가기 시작했습니다.

그러한 사명감 하나로 시작된 일이었기에 중도에 포기할 수는 없었습니다. 오히려 이러한 위기상황에 더욱더 절실히 요구되는 것이 의식변화프로그램이라는 강한 신념 속에서 직원들과 하나 되어 열심히 뛰어다녔습니다. 많은 환경적 어려움에도 불구하고 구성원들은 모두 하나의 비전을 공유하고 있었고, 친형제처럼 아껴주는 돈독한 우애를 바탕으로 개인과 조직의 의식변화를 이루어내고자 하는 열정과 사명감으로 불타고 있었습니다.

간호사 1,000여 명에 대한 2박 3일 과정을 맡겨주신 교육책임자 분, '내 안의 성공 답을 이끌어내는 파워의식!'라는 표어만을 보고,

이것이 바로 내가 찾았던 교육이라고 하면서 전 직원의 1박 2일 과정을 선뜻 맡겨주신 사장님, 매달 신입사원 교육을 의뢰해온 기업체의 임원 분…. 이심전심이란 바로 그런 것일까요?

그렇게 한번 교육을 받으신 분들의 입에서 입으로 우리 교육에 대한 긍정적인 소문이 돌면서 점점 교육이 늘어났습니다. 지금도 돌이켜보면, 무엇보다도 믿음 하나로 교육을 맡겨주신 처음의 그분들에게 그저 감사할 뿐입니다.

10년이란 세월을 지나오면서, 리더십 및 조직 활성화 차원의 한마음 교육으로 순수 한국인의 의식변화에 맞추어 개발된 '의식경영' 프로그램은 이제 미국, 중국 현지인들에게까지 전파되고 있습니다. 언론매체에도 가끔 오르내리게 되었고, 한국기업의 교육책임자 1,000여 명이 선택한 프로그램 중 산업교육 최우수상과 대상을 연이어 두 차례나 수상하는 등, 나름대로의 역할과 사명을 다하고 있다는 긍지와 자부심이 들기도 합니다.

그렇게 어려운 상황 속에서 시작한 교육이고, 또 국내에서는 아직 생소한 의식경영컨설팅으로 새로운 모험을 시도하고 있지만, 이 일이야말로 세상에서 가장 큰 일이자 내 인생의 사명이라고 생각합니다. 또한 함께하는 모든 직원들 역시 그러한 사명감과 큰 뜻으로 답을 찾아드리는 일을 하고 있습니다.

여기까지 읽어오면서, 개인의 살아온 이야기를 왜 그리 늘어놓는

지 의아해하실 분도 계시겠지요. 하지만 이 책은 그저 연구를 통해서 이루어진 학술적인 내용이 아니라, 가난에서 벗어나기 위해 몸부림치면서, 죽음의 문턱을 세 번이나 넘나들면서, 온몸으로 체험하며 느낀 것이기에 알몸이 되는 기분으로 내 인생을 송두리째 보여드린 것입니다. 너그러운 마음으로 한 남자의 지나온 삶을 읽어주신 모든 분들께 다시 한 번 감사드립니다.

지금, 오랫동안 간절히 원하고 있던 그 답을 스스로에게 한번 물어보지 않으시겠습니까? 성공의 답은 내안에서 나를 기다리고 있습니다.

간절함이 답이다

펴낸날	초판 1쇄 2008년 1월 25일
	초판 19쇄 2021년 6월 29일

지은이	**윤태익**
펴낸이	**심만수**
펴낸곳	**(주)살림출판사**
출판등록	**1989년 11월 1일 제9-210호**

주소	**경기도 파주시 광인사길 30**
전화	**031-955-1350** 팩스 **031-624-1356**
홈페이지	**http://www.sallimbooks.com**
이메일	**book@sallimbooks.com**

ISBN	**978-89-522-0781-4** 03320

※ 저자와의 협의에 의해 인지를 생략합니다.
※ 잘못 만들어진 책은 구입하신 서점에서 바꾸어 드립니다.